DU SOMNAMBULISME, DES TABLES TOURNANTES ET DES MÉDIUMS

SUIVI DE LE CHRIST QUALIFIÉ DE MAGNÉTISEUR PAR LA SYNAGOGUE ET L'INCRÉDULITÉ MODERNES

ABBÉ ALMIGNANA

ALICIA ÉDITIONS

TABLE DES MATIÈRES

DU SOMNAMBULISME, DES TABLES TOURNANTES ET DES MÉDIUMS
Considérés dans leurs rapports avec la théologie et la physique.

L'Abbé Almignana	3
INTRODUCTION	5
PREMIÈRE PARTIE	7
DEUXIÈME PARTIE	19
Article du journal le Spiritisme	29
Lettre de Victorien Sardou (de l'Académie).	34

LE CHRIST QUALIFIÉ DE MAGNÉTISEUR PAR LA SYNAGOGUE ET L'INCRÉDULITÉ MODERNES,
et le magnétisme plaidant lui-même la cause du Christ.

INTRODUCTION	39
CHAPITRE PREMIER. MAGNÉTISME.	41
CHAPITRE II. ŒUVRES DE JÉSUS-CHRIST	48
RÉCAPITULATION	59

DU SOMNAMBULISME, DES TABLES TOURNANTES ET DES MÉDIUMS

CONSIDÉRÉS DANS LEURS RAPPORTS AVEC LA THÉOLOGIE ET LA PHYSIQUE.

L'ABBÉ ALMIGNANA

Prêtre espagnol, ancien curé du diocèse de Beauvais, Magnétiseur et auteur de deux lettres de la société mesmérienne de Paris, sur la non-intervention du démon dans les opérations magnétiques, d'après les textes sacrés, autorité des SS. PP. et pratiques de l'Église.

Faux témoignage ne diras,
Ni mentiras aucunement.

À Pimprez, Oise, nous avons trouvé chez un ancien maire, une brochure d'un vieux curé de ce village, décédé dans cette contrée ; l'abbé Almignana avait longtemps habité Paris où il avait de très belles relations ; en 1848, il publiait la brochure sur laquelle nous avons mis heureusement la main, et intitulée : *Du somnambulisme, des tables tournantes et des médiums, considérés dans leurs rapports avec la théologie et la physique ; examen des opinions de MM. de Mirville et Gasparin*, par l'abbé Almignana, docteur en droit canonique, théologien, magnétiste et médium.

Nous avons lu cette brochure avec une grande satisfaction, parce que, l'abbé Almignana était un chercheur consciencieux, un érudit qui aimait à démontrer la vérité dès qu'elle lui semblait nettement établie. Voici sa brochure, insérée *in extenso*, car elle le mérite a tous les titres, après 41 ans de repos, peut-être d'oubli ? ...

INTRODUCTION

« Le somnambulisme, les tables et les médiums étant pour nous des phénomènes qui avaient besoin d'être sérieusement étudiés, avant de se prononcer à leur égard, aussitôt qu'ils me furent connus, pour en avoir été un des témoins oculaires, loin de les juger *ex abrupto*, comme tant d'autres ont fait en pareil cas, je me suis borné à faire, à ce sujet, de nombreuses expériences dans l'espoir qu'elles me fourniraient un jour des faits très utiles dans la recherche de la cause de ces prodigieux phénomènes.

« Ayant déjà acquis quelques-uns de ces faits, je ne saurais mieux les publier que dans un moment où une lutte scientifique vient de s'engager entre deux savants d'élite tels que M. le marquis de Mirville et M. le comte de Gasparin.

« Ce moment, je le crois d'autant plus opportun, que les faits fournis par mes expériences étant en contradiction avec certains points capitaux des doctrines émises dans *la Pneumatologie* de M. de Mirville et dans *le Surnaturel, en général,* de M. de Gasparin, cela engagera ces écrivains à donner de nouveaux développements à leurs doctrines, pour les concilier avec mes faits ou *vice versa*. En jetant une nouvelle lumière sur le triple phénomène, on aiderait puissamment à la solution d'un problème qui jusqu'ici ne paraît pas avoir été résolu d'une manière aussi claire et positive qu'il serait à désirer dans l'intérêt de la vérité, de la science et même de la religion.

« Telle a été, est ma croyance, et celle de bien d'autres à qui j'ai cru devoir en parler avant que d'entreprendre la tâche que j'ai bien voulu m'imposer.

« Quant au langage de ce mince écrit, il est extrêmement simple ; né et élevé au-delà des Pyrénées, je ne suis pas familiarisé avec le bon français comme celui qui est né et élevé en France sous la direction de savants et éloquents professeurs.

« Mais tout simple que soit mon langage, on verra qu'il est sorti de la plume d'un homme qui cherche hardiment la vérité, sans qu'aucun respect humain ait pu l'arrêter dans sa marche, et persuadé qu'en vue de ma position, mes lecteurs m'accorderont cette indulgence qu'en pareil cas je n'oserais leur refuser ; sans autres préliminaires, je vais aborder la question.

Pour la traiter avec ordre et clarté, je divise mon opuscule en deux parties : dans la première, j'expose les faits que j'ai à opposer à la *Pneumatologie* de M. de Mirville ; et dans la seconde, ceux concernant *le Surnaturel en général* de M. de Gasparin. »

PREMIÈRE PARTIE

Le somnambulisme, les tables tournantes et parlantes, et les *médiums*, ne sont aux yeux de M. de Mirville que des ouvrages du démon.

Voici, en résumé, la doctrine émise par M. de Mirville dans sa *Pneumatologie*.

Dans la lettre que j'eus l'honneur d'adresser à la Société Mesmérienne de Paris, sur la non-intervention du démon dans le magnétisme thérapeutique, datée du 20 septembre 1847, et publiée dans les numéros 54, 56, 57 du *Journal du Magnétisme*, j'établissais l'existence du démon avec les dénominations que l'Écriture lui donne, ainsi que la puissance qu'il avait, avec la permission divine, d'agir physiquement et moralement sur l'homme d'après les mêmes livres saints.

En vue de ce que je viens de dire, je ne peux pas être suspect à M. de Mirville en matière de démonologie.

Mais, tout en admettant l'existence du démon, et son action sur les hommes, je ne peux pas partager l'opinion de M. de Mirville dans la *Pneumatologie*, vu qu'en admettant l'intervention directe du démon dans le somnambulisme magnétique, les tables tournantes et parlantes et dans les médiums, je croirais me mettre en opposition avec l'enseignement catholique sur les possédés, sur la manière de les délivrer du malin esprit et je vais en exposer les raisons.

Il y a un axiome aussi vieux que le monde, celui-ci : La cause étant ôtée, les effets cessent ; *sublata causa tollitur effectus.*

La vérité de cet axiome, par rapport même aux possessions diaboliques, se trouve explicitement constatée dans les Saintes Écritures.

On présenta à J.-C. un muet pour le guérir ; *oblatus est ei mutus.* Le divin maître, connaissant que le mutisme était causé par le démon s'empressa d'en ôter la cause en chassant le démon du corps du possédé ; ce qui étant fait, le muet parla au milieu d'un peuple ravi d'admiration, *et cum ejecisset demonium, locutus est mutus, admirate sunt turbe* (St-Luc, chap. XI).

Il y avait à Philippes, en Macédoine, une fille qui, étant possédée du démon, avait le don de divination à un tel degré que de tous les points, on venait la consulter, ce qui rapportait à son maître un grand profit. Saint Paul ayant chassé le démon du corps de la possédée, celle-ci perdit le talent de deviner, ce qui ayant exaspéré ses maîtres, ils traînèrent le saint apôtre devant les magistrats, comme on traîne un malfaiteur (Act. chap. XV).

Partant de ces principes, il s'ensuit que, si le démon intervient directement dans le somnambulisme, les tables et les médiums, en le chassant des somnambules, des tables et des médiums, comme J.-C. le chassa du corps du possédé, et saint Paul de celui de la fille de Philippes, les somnambules doivent *à fortiori* perdre leur lucidité ; les tables doivent devenir immobiles et les médiums ne pourront pas tracer sur le papier, ni ailleurs, une ligne, même la plus courte, *sublata causa tollitur effectus.*

Il s'agit maintenant de connaître les moyens de chasser le démon de partout où il se trouve ; en interrogeant l'enseignement catholique, il nous indique ces moyens.

En effet, d'après cet enseignement, les démons sont chassés par les noms sacrés de Dieu et de Jésus, par la prière, par le signe de la croix, par l'eau bénite et par les exorcismes.

Ces moyens de chasser le démon étant connus, je vais faire voir le résultat obtenu par leur application sur des somnambules, tables et médiums.

Ayant vu des phénomènes extraordinaires chez les somnambules, et désirant m'assurer s'il y avait quelque chose de diabolique dans ces phénomènes, comme on avait prétendu me le faire croire, profitant de l'occasion de quelques somnambules endormis par d'autres magnétiseurs que moi, je me suis empressé de prier, d'invoquer les saints noms de Dieu et de Jésus, de faire le signe de la croix sur les somnambules, et jusqu'à leur jeter parfois de l'eau bénite, dans l'intention de chasser le démon s'il intervenait dans le somnambulisme.

Cependant aucun de ces somnambules n'a perdu, en ma présence, la moindre chose de sa lucidité, ce qui me fait croire que le démon n'était pour rien dans le somnambulisme magnétique.

Voici un fait qui doit attirer l'attention de tout observateur de bonne foi. — Une enfant de treize ans, endormie par sa mère, chez moi, un jour, donna preuve de la plus grande lucidité, jusqu'à nous dire être en communication avec des êtres ultra-mondains. Effrayé, je l'avoue, de ce qui se passait sous mes yeux, dans le doute où j'étais si le démon n'était pas l'agent de ces phénomènes, je pris mon crucifix, et, le présentant à la lucide, la conjurai par le saint nom de Jésus.

Eh bien, savez-vous ce que fit la somnambule ? Le voici :

Loin de repousser l'image de J.-C. crucifié, elle prit le crucifix dans ses mains, le porta respectueusement à ses lèvres, le baisa et l'adora à la plus grande édification de sa mère ainsi que de moi.

Si M. de Mirville désire connaître la somnambule et ses parents, je pourrai lui donner leur adresse.

Ces moyens employés par moi pour savoir si l'esprit malin agissait dans le somnambulisme, ont été aussi employés par d'autres personnes pieuses, dans le même but, sans avoir obtenu d'autre résultat que moi.

Si M. de Mirville désirait connaître quelques-unes de ces personnes, je pourrais lui faciliter leur connaissance.

Quant aux exorcismes, on sait par la biographie de la fameuse somnambule Prudence, que, quoiqu'exorcisée plusieurs fois, les exorcismes n'ont pu lui faire perdre un seul atome de sa grande lucidité.

Aux faits que je viens de rapporter en faveur de la non-intervention du démon, de nouveaux faits d'un autre genre viennent se joindre confirmant en quelque sorte les premiers.

Un des modèles d'éloquence sacrée, le R. P. Lacordaire, parlait du somnambulisme en décembre 1846 ; loin de le qualifier de satanique comme le fait M. de Mirville, ce savant dominicain n'a-t-il pas dit, du haut de la chaire de vérité dans l'église de Notre-Dame de Paris, que ce phénomène appartenait à l'ordre prophétique et qu'il était une préparation divine pour humilier l'orgueil du matérialisme ?

Ce langage descendu du haut de la tribune sacrée, on sait qu'il reçut l'approbation publique de la part de Mgr Affre, centre d'unité catholique du diocèse de Paris, lequel s'adressant aux fidèles, leur dit : Mes frères, c'est Dieu qui parle par la bouche de l'illustre dominicain.

Une personne très pieuse, abandonnée par la médecine officielle, dans un état désespéré, magnétisée par une de ses parentes, tomba dans le somnambulisme le plus complet.

Dans un de ses premiers sommeils, elle dit voir une personne qui, selon le signalement qu'elle en donna, parut être la bisaïeule de la lucide, décédée plusieurs années avant la naissance de sa petite fille. Celle-ci avait été guérie par les conseils que dans ses sommeils somnambuliques, elle avait reçus de sa dite bisaïeule ; ce fait m'ayant paru grave et intéressant pour la science et pour la religion, je crus devoir le publier dans le numéro 19 du magnétisme spiritualiste, faisant un appel à tous ceux qui par leurs connaissances seraient en état de pouvoir expliquer ce phénomène.

Parmi les hommes à qui notre appel fut fait, figuraient les théologiens, auxquels en parlant de la personne apparue, je disais : « Ne serait-ce pas le démon qui, prenant un corps fantastique, aurait revêtu la forme de celui de la bisaïeule de M. R. et lui apparaissant ainsi l'aurait guérie d'une maladie que lui-même aurait enfantée ? »

Des exemplaires du numéro du journal en question, furent envoyés au souverain pontife par l'entremise de son nonce apostolique à Paris, à Mgr l'archevêque de Paris, à la faculté de théologie de la Sorbonne, aux RR. PP. jésuites de la rue des Postes, au R. P. Lacordaire, et au Consistoire calviniste de Paris, les priant de m'éclairer sur un fait aussi grave.

Eh bien, jusqu'à présent, depuis trois ans, pas un de ces grands personnages ne m'a dit que le phénomène sur lequel j'attirais leur attention fût l'ouvrage du démon, ce qui prouve qu'à leurs yeux le démon était étranger à ce phénomène, sans quoi ils n'auraient pas manqué de m'en avertir, ne fût-ce que dans l'intérêt de la religion et par charité pour moi.

Si M. de Mirville veut connaître la somnambule dont je parle, je pourrais le conduire chez elle.

Interrogez Mgr Sibour sur le somnambulisme, et Sa Grandeur vous dira que les idées exprimées par les somnambules ne sont que les reflets de leurs magnétiseurs, sans vous dire un seul mot du démon.

Mais en voilà assez pour le somnambulisme et passons maintenant aux *tables*.

J'ai fait un grand nombre d'expériences de *tables tournantes et parlantes* avec des laïques pieux et avec des ecclésiastiques, hommes de prière et de gravité, et même avec un vénérable évêque et toujours de la manière la plus sérieuse.

Désirant savoir, dans l'intérêt de la religion et de nos âmes, si le démon était effectivement l'agent qui communiquait le mouvement et le langage aux tables, excepté les exorcismes, nous avons employé tous les autres moyens que l'enseignement catholique offre pour chasser le démon et nous n'avons jamais rien obtenu. Car ni la prière, ni les noms sacrés de Dieu et de Jésus, ni le signe de la croix fait sur les tables, ni le crucifix, ni le chapelet, ni les évangiles, ni l'imitation de Jésus-Christ placés sur les tables, ni l'eau bénite n'ont pu les empêcher de tourner, frapper et de répondre.

Loin de là, nous avons vu plusieurs fois les tables se renverser, à notre plus grand étonnement, devant l'image de Jésus-Christ crucifié.

Je dirai plus : dans une expérience que je fis avec ledit évêque et la personne chez laquelle j'étais en pension, ce fut le vénérable évêque qui fit lui-même le signe de la croix sur un guéridon sans que le petit meuble voulût s'arrêter dans son mouvement. Monseigneur demanda ensuite au guéridon s'il aimait la croix, et le guéridon répondant affirmativement, ce ne fut pas sans surprise que Monseigneur vit le guéridon se renverser devant sa croix pastorale et lui parler de la vie future d'une manière orthodoxe.

Si M. de Mirville désirait connaître la maison et la personne qui fit avec Mgr et avec moi l'expérience, je me ferais un plaisir de l'y conduire.

Si, d'après tous ces faits que je viens de rapporter, il fallait raisonner conformément à la pneumatologie de M. de Mirville, voici quel devrait être ce raisonnement.

L'enseignement catholique sur les possessions diaboliques donne à la prière, aux saints noms de Dieu et de Jésus, au signe de la croix, à l'eau bénite et aux exorcismes, la vertu de chasser le démon des possédés. Or, ni la prière, ni les noms sacrés de Dieu et de Jésus, ni le signe de la croix, etc., n'ont pu chasser le démon des somnambules ni des tables qui, suivant M. de Mirville, sont de vrais possédés. Donc l'enseignement catholique en donnant à la prière, aux saints noms de Dieu et de Jésus, etc., etc., la vertu de chasser les démons des possédés, est dans l'erreur.

Donc l'Écriture, les SS. PP., et l'Église, autorités sur lesquelles l'enseignement catholique est basé au sujet des possessions et manière de délivrer les possédés du démon) sont dans l'erreur.

Et quel vrai catholique oserait tenir un tel langage ? C'est donc pour éviter de me trouver dans une position aussi fâcheuse que je n'ai pas cru devoir partager l'opinion de M. de Mirville sur les manifestations fluidiques des esprits.

On va me dire que si les moyens que l'enseignement catholique offre pour chasser le démon restent parfois sans résultat, cela dépend du peu de foi de la part de ceux qui les emploient. Voici ma réponse à cette objection :

Les païens n'ont pas grande dose de foi, et cependant Origène dit que le nom de Dieu prononcé même par un païen, chasse les démons : *Origenes contra Celsum.*

Il y a un grand nombre de personnes parmi lesquelles figurent de pieux ecclésiastiques et des laïques approchant assez souvent des sacrements, qui ont fait avec moi des expériences, qui ont prié avec moi, qui ont invoqué les noms sacrés de Dieu et de Jésus avec moi, etc. ; est-il donc croyable que parmi ces personnes il ne s'en trouve pas une ayant au moins la dose de foi d'un païen, qui, selon Origène, suffisait pour chasser le démon par le nom de Dieu ? Je ne peux pas le croire.

Quoi ! le vénérable évêque, qui a expérimenté avec moi et qui, pendant quarante ans, s'est sacrifié en propageant la foi dans des pays lointains, n'aurait-il pas autant de foi qu'un païen pour pouvoir chasser les démons avec le nom de Dieu ? Ce serait insulter l'œuvre sainte de la propagation de la foi dans la personne d'un de ses meilleurs apôtres.

Mais ce n'est pas assez ; voici comment saint Jean nous apprend la manière de connaître si un esprit est de Dieu ou non.

« Mes bien-aimés, voici en quoi vous connaîtrez qu'un esprit est de

Dieu : Tout esprit qui confesse que J.-C. est venu en chair est de Dieu, et tout esprit qui ne confesse pas que J.-C. est venu en chair n'est pas de Dieu » (Ep. 1re, chap. IX). Instruit par saint Jean sur la manière de connaître les esprits de Dieu, pour m'assurer davantage de la nature des esprits ou forces occultes agissant dans la rotation et le langage des tables, je me suis encore servi de ce moyen qui m'était indiqué par saint Jean.

Ce fut dans ce but que, ma petite table étant mise en mouvement, je lui adressai la question suivante :

— Confessez-vous que J.-C. est venu en chair ? Oui, me répondit-elle. Cette demande lui ayant été faite plusieurs fois, j'obtins toujours la même réponse.

Ayant fait cette expérience isolément chez moi, je voulus voir si, la faisant en compagnie, j'obtiendrais le même résultat. Ce fut dans cette intention que j'allai chez des personnes instruites qui s'occupaient de ce genre d'expériences, et je priai un monsieur, médium, de placer lui-même ses mains avec moi sur un guéridon.

Le mouvement du guéridon s'étant fait sentir, je lui fis la même question que j'avais faite à ma table, et la réponse fut la même. Et après ces expériences, puis-je consciencieusement croire à l'intervention du démon dans, les tables tournantes et parlantes, sans regarder le témoignage de saint Jean comme erroné, et dois-je le regarder comme tel ? C'est à M. de Mirville de me répondre.

Mais je ne m'arrête pas là. On lit dans le Rituel de Paris et autres, aux chapitres des énergumènes ou possédés, ce qui suit : *Signa energumenorum sunt. Ignota lingua liogni idque, maxima serie verborum quæ previderi non potuerunt velita loquentem intelligere distantia, et occulta patefacere et vires supra etatis suae naturam ostendere.*

Eh bien, si les démons, comme dit le Rituel, parlent toutes les langues, même inconnues, après un grand nombre d'expériences que j'ai faites à ce sujet, je suis autorisé à dire que les tables ne parlent pas toutes les langues, même connues, ni même ne les comprennent.

Qu'un consultant qui ne connaîtrait pas le grec, adresse à la table une question en français, la prie de lui répondre en grec et nous verrons si la table le fera. Qu'on donne à un consultant une demande écrite en une langue à lui inconnue, se bornant à la lire à la table et nous verrons si la table répond ; je défie toutes les tables du monde de le faire.

Si M. de Mirville désirait faire ces expériences avec moi, je suis prêt à me rendre à ses désirs.

J'ai cherché à voir si les tables avaient la faculté que, suivant le Rituel, ont les démons de voir le caché et de connaître l'avenir, et j'ai trouvé plus d'erreurs que de vérités à ce sujet.

Quant aux forces physiques supérieures qu'ont les démons, d'après le Rituel, il n'y a pas une seule table tournante dans le monde dont le mouvement ne soit arrêté ou ralenti en enveloppant avec de la soie les mains des expérimentateurs, ce qui prouverait que les tables n'auraient pas une force *supra naturam* et, par conséquent, ce ne serait pas le démon qui leur imprimerait ce mouvement. Mais ce qui donne plus de force aux raisons sur lesquelles je me suis basé, pour ne pas croire à l'intervention du démon dans le phénomène des tables tournantes et parlantes, c'est que les ayant fait connaître séparément à quatre prélats de l'Église de France, dont trois figurent parmi ceux qui ont joué un si grand rôle dans la question religieuse des tables, en les priant de les examiner et de me dire si effectivement j'étais dans l'erreur, pour m'en rétracter et écrire contre les tables, pas un de ces prélats n'a dit que j'étais dans l'erreur et blâmé en rien mon exposé.

Dans le cas où il faudrait constater ce fait, je garde encore en mon pouvoir les lettres de ces prélats. Passons maintenant aux médiums. Ayant entendu dire qu'il y avait des personnes dont les mains, entraînées à leur insu, écrivaient des choses extraordinaires, lesquelles personnes on appelait médiums, je voulus m'assurer de ce fait ; je pris un jour un crayon dans ma main, et la plaçant sur un morceau de papier, je me concentrai autant que possible : quelques minutes à peines écoulées, je sentis entraîner ma main et la vis tracer, à mon insu, des lignes, des lettres et des mots. Ayant répété cette expérience souvent, avec le même succès, je suis parvenu à être médium, quoique d'un ordre secondaire.

Désirant savoir si dans ce phénomène, il y avait quelque chose de diabolique, pour ne plus m'en occuper, je demandai à la force occulte ou esprit qui entraînait ma main s'il était le démon ? m'ayant dit que non, je lui dis de m'en donner la preuve.

À peine avais-je prononcé ces paroles, que ma main, entraînée avec vivacité, traça une grande croix.

Je lui fis ensuite les mêmes questions sur J.-C. déjà faites. Et, à ma table, et les réponses, par écrit, furent les mêmes ; d'où je conclus que les agents de l'écriture des médiums sont les mêmes que ceux du mouvement des tables, et que ce ne sont pas des démons, comme je l'ai déjà dit.

Cependant, pour m'assurer davantage de la non-intervention du démon dans le phénomène des médiums, je voulus faire encore une autre expérience que voici.

Le démon parlant, selon le Rituel, toutes les langues, mêmes inconnues, pour savoir *si* la force occulte ou esprit qui me faisait écrire avait cette faculté démoniaque, ce qui, étant ainsi, m'aurait prouvé l'intervention du démon chez les médiums, je dis à la force occulte si elle voulait me faire écrire le *Pater* en plusieurs langues ; on me répondit que *oui*. Ayant laissé ma main patiemment *neutre*, avec une plume elle écrivit le *Pater* de deux manières, que la force me dit aussi, par écrit, être en valaque et en russe. Lui ayant demandé ensuite de me faire écrire le même *Pater* en français, en espagnol, italien et latin, il l'exécuta sur-le-champ.

Je lui demandai encore de me le faire écrire en anglais et en allemand, et il me répondit qu'il ne le pouvait pas. Pourquoi, lui dis-je ? Parce que vous ne parlez ni écrivez ces deux langues, ce qui est exact.

Alors, dans quelles langues, lui dis-je encore, pouvez-vous me faire écrire ?

— Dans les langues que je parlais sur terre, le valaque et le russe et celles que vous parlez.

Ce *Pater* ainsi écrit, j'ai eu l'honneur de le remettre personnellement à Mgr l'archevêque de Paris, sur sa demande. En ayant parlé à une personne, elle me conseilla de dire à mon esprit, ou force occulte, de me faire écrire quelques phrases en valaque que l'on présenterait à un monsieur connaissant cette langue ; il nous dirait si ce qu'on m'avait fait écrire était en valaque ou non, proposition que j'acceptai avec plaisir.

Mais, rentré chez moi, il me vint l'idée de faire une expérience pour contrôler par moi-même mon esprit familier, ou force occulte.

J'écrivis sur un morceau de papier une phrase en français, et j'en fis une copie séparément sur un autre morceau de papier. Je lus cette phrase à mon esprit et lui dis de la traduire en valaque. L'esprit, après m'avoir fait écrire plusieurs lignes, me dit, par écrit, que la traduction en valaque était déjà faite.

Je lui dis d'en faire autant en espagnol, en italien et en latin, et il le fit.

Lui ayant demandé encore de me faire écrire la même phrase en anglais, il me répondit ne pouvoir pas le faire, vu que je ne parlais pas cette langue.

Je laissai passer quelques minutes, et prenant la copie de la phrase, je dis à l'esprit d'en faire autant, avec cette copie, qu'il en avait fait avec son original. L'esprit m'ayant fait écrire, selon lui, la même phrase dans les mêmes langues qu'il me l'avait fait écrire auparavant, je m'empressai de comparer les deux traductions mais qu'elle fut ma surprise, lorsque, trouvant les traductions espagnole, italienne et latine de la copie, pareilles à celles de l'original, je vis que la traduction valaque de l'original, et celle de la copie, ne se ressemblaient pas du tout !

Convaincu donc que mon esprit ne connaissait pas le valaque, ce qui me prouvait, d'après le Rituel, qu'il n'était pas un démon, mais qu'il m'avait cependant trompé, je lui fis une forte réprimande, le traitant de fripon et d'infâme en le chassant de chez moi. Dans cet état, ma main prise d'un fort tremblement écrivit en gros caractères : « Je suis le Démon, et vous êtes un mauvais prêtre qui cherchez à connaître les secrets de Dieu. »

— Eh bien ! lui dis-je, c'est précisément d'après ce qui vient de se passer, que tout en me faisant écrire en grosses lettres que vous êtes le démon, je ne puis vous croire.

— Le démon, d'après le Rituel, parle toutes les langues ; or vous ne parlez pas le valaque ni l'anglais, etc. ; donc vous n'êtes pas le démon.

— Si je suis un mauvais prêtre, cela ne vous regarde pas. C'est Dieu qui me jugera, et je me soumettrai à son saint jugement.

— Si je pouvais vous voir comme je vous sens, je vous arrangerais bien, mais je vous laisse et ne ferai plus d'expériences avec vous.

À peine avais-je tenu ce langage que ma main, entraînée, écrivit : « Pardon ! Pardon ! je ne suis pas le démon. Si je l'ai dit, c'était pour vous faire peur, parce que vous me tracassez toujours par des questions ; je le vois vous êtes un homme qui ne craignez rien. Vous n'êtes pas un mauvais prêtre, mais vous êtes un grand penseur. Faites donc des expériences avec moi, et je vous dirai toujours la vérité. »

— Eh bien, je vous pardonne, mais dites-moi, sans me tromper, quelles sont les langues que vous parlez ?

— Je ne parle d'autres langues que celles que vous parlez, et si j'en ai fait autrement, c'était pour rire.

— Alors, quelles sont les langues que parlent les esprits ?

— Celles des consultants, et pas d'autres. Cette séance se termina ainsi.

Voulant contrôler encore ce qui m'avait été dit par mon esprit, j'allai chez une personne médium écrivain comme moi, et je la priai de faire quelques expériences d'écriture.

Au milieu de nos expériences, j'écrivis sur un morceau de papier ces mots en espagnol : *Como te llamas ?* et sans faire connaître à ladite personne la signification de ces mots en français, je la priai de les lire à son esprit.

Ce médium lut à son esprit les mots que je lui avais écrits, le priant d'y répondre, mais l'esprit resta muet. Le médium ayant insisté pour avoir une réponse, l'esprit lui fit écrire *malheur*. La réponse ne répondant pas à la demande, je dis au médium de dire à son esprit qu'il n'avait pas bien répondu. Ce fut alors que l'esprit fit écrire à son médium ce qui suit : « Je n'ai pu répondre à ce que vous m'avez demandé, ne connaissant pas cette langue. »

Comme le médium ne comprenait pas ce qu'il avait lu à l'esprit, ce qui en français voulait dire : comment vous appelez-vous ? je compris que si l'esprit ne répondait pas à la demande en espagnol, c'était que le médium ne parlait ni ne comprenait cette langue, ce qui était d'accord avec ce qui m'avait été dit par mon esprit.

Alors je priai le médium de dire à son esprit de me faire écrire. Sur la réponse affirmative dudit esprit, je pris la plume et lui adressant la même demande, je lui dis *Como te llamas ?* et l'esprit me répondant en espagnol : me dit, *Benito*. — Répondez-moi en français ? — Benoît. — En latin ? — *Benedictus*.

Cette expérience ayant confirmé ce qui m'avait été dit par mon esprit, que les esprits ne parlaient pas d'autres langues que celles des consultants, fut pour moi une nouvelle preuve de la non-intervention du démon dans les médiums, vu que le démon parlant, d'après le

Rituel, toutes les langues, les médiums n'écrivaient que dans les langues qu'ils connaissaient et qu'ils avaient apprises.

Si M. de Mirville désirait faire quelque expérience de ce genre avec moi, cela me ferait grand plaisir.

Nota bene. — Ce qu'il y a de particulier dans ce qui m'a été dit par l'esprit dont je suis le médium, relativement aux langues dont se servent les esprits lorsqu'ils parlent aux hommes, c'est que cela a été dit il y a 105 ans par l'extatique Swendenborg. Voyez le n° 236 de son *Traité du Ciel et de l'Enfer*.

C'est assez, ce semble, pour M. de Mirville. C'est à lui de nous éclairer sur les faits rapportés ci-dessus, et de les concilier avec sa *pneumatologie* : en attendant ; je vais m'occuper du *surnaturel en général* de M. de Gasparin.

DEUXIÈME PARTIE

Tous les prodiges des extatiques et des somnambules, les sorcelleries, les revenants, les apparitions, les visions, etc., ne sont dus dans leur origine, selon M. de Gasparin, qu'à l'excitation nerveuse, à l'action fluidique, et quelquefois ce sont des hallucinations. Comme je ne prétends pas ici faire l'analyse ni la critique de l'ouvrage de M. de Gasparin, ne m'en croyant pas capable, laissant cet honneur à des hommes qui se trouvent dans la même ligne scientifique que M. de Gasparin, je vais m'occuper uniquement de quelques faits qui me sont personnels, et qui paraîtraient, selon moi, être en opposition avec certains points de la doctrine de M. de Gasparin dans ses tables tournantes, ou *du Surnaturel en général*, comme je l'ai déjà fait connaître dans l'introduction de cet opuscule. Je commence par l'extase.

En parlant des extatiques, M. de Gasparin s'exprime ainsi :

« Quant à leurs facultés intellectuelles, elles sont capables de recevoir en pareil cas un prodigieux développement. Les extatiques déclarent eux-mêmes qu'ils ont deux âmes ; qu'une voix étrangère les fait parler ; qu'ils reçoivent tout à coup des idées qui leur étaient inconnues, en des termes qu'ils n'avaient nullement à leur disposition.

« Il arrive même que la paysanne habituée au patois parle français, et que l'homme illettré s'exprime en latin. Or, y a-t-il quelque chose de surnaturel ? Non, certes, il y a un état physiologique où s'ouvrent des trésors de réminiscence, que le patient ne savait pas posséder, quoiqu'il les possédât en effet.

« La paysanne aura entendu parler français ; elle ne l'aura pas su et cependant tout cela sera resté gravé dans l'arrière-fond de la mémoire inconsciente, où rien ne s'efface jamais réellement. Exaltée ou malade, elle se trouve en possession de la langue française. Le négociant, qui à peine a fait ses premières classes et qui n'a jamais su le latin, se trouve en possession de la langue latine, et mettra dans l'embarras son médecin auquel il ne s'adressera plus autrement. »

D'après cette théorie extatique de M. de Gasparin, il s'ensuit que les idées exprimées par les extatiques, et dont ils n'avaient pas connaissance dans leur état normal, ne sont que des réminiscences et rien de plus.

Comme M. de Gasparin, j'admets la réminiscence, qui n'est que le retour de l'âme à la pensée d'une chose ou d'une idée ; quoique gravées dans la mémoire, elles étaient oubliées. Ce retour ne se fait pas cependant sans quelques discours qui, du souvenir d'une ou de plusieurs choses ou idées, nous conduisent au souvenir de la chose ou idée oubliée.

Par la définition que je viens de donner de la réminiscence, on voit que les constitutifs de la réminiscence sont l'existence d'une chose ou idée gravées dans la mémoire, mais oublié, et un discours qui, par le souvenir d'une ou plusieurs choses ou idées, nous conduit au souvenir de la chose ou idées oubliées[1].

Je suis médium, et le médium, d'après les idées reçues, est un somnambule éveillé. Or, tout somnambule est extatique à un degré plus ou moins élevé de l'échelle extatique ; donc, moi, somnambule, je suis extatique.

Eh bien ! moi extatique, je prends un crayon, et le tenant dans ma main, je le place sur ce papier ; me concentrant dans cet état, je dis à la force occulte qui entraîne ma main, et la fait écrire à mon insu, de me faire écrire quelque chose sur la création si la chose est possible. À peine ai-je prononcé ce dernier mot, que ma main entraînée sans la

---

1. On ne parlait pas alors de la réincarnation, et ce ne fut qu'en 1858, que le maître Allan Kardec posa nettement cette question : la réminiscence d'une chose sue, mais oubliée, est due aux vies antérieures de l'âme sur la terre.

moindre interruption, écrit des choses, vraies ou fausses sur la création, qui me surprennent.

Cette séance étant terminée, et désirant connaître si ces idées sur la création étaient des réminiscences, je cherchai à voir si elles auraient pu être gravées dans ma mémoire, soit par la lecture, soit pour les avoir entendues de quelqu'un.

Dans ce but, je commençai par relire les livres religieux et philosophiques, à moi, qui pouvaient traiter de la question, mais je n'y trouvai rien de semblable à ce que j'avais écrit sur la création.

Je consultai les bibliothèques publiques, et elles de n'offrirent rien de semblable à ce que, sur la création, ma main m'avait fait connaître. Passant de la lecture à l'audition, je fis ensuite une revue rétrospective de toutes les universités jadis fréquentées, et je ne vis pas un seul professeur qui m'eût jamais tenu un pareil langage, ni qui fut même capable de le tenir.

J'examinai les opinions, à ce sujet, de tous les philosophes, naturalistes, physiologistes, théologiens et historiens avec lesquels j'avais eu des relations scientifiques, et pas un n'avait parlé sur la création de la manière que ma main l'avait fait.

Après ce que je viens de dire, je fais le raisonnement suivant. Ayant examiné attentivement les moyens par lesquels les notions sur la création exprimées par ma main pouvaient être gravées dans ma mémoire, rien n'a indiqué le moindre soupçon de ce que ces notions me soient parvenues par lesdits moyens. Si donc lesdites notions n'ont pu parvenir jusqu'à moi, ni par la lecture, ni par l'audition, elles n'ont pas pu être gravées dans ma mémoire ; n'existant pas chez moi, elles n'ont pas pu être oubliées. Si elles n'ont pas pu être oubliées, rien n'a pu me les faire rappeler. Si rien n'a pu me faire souvenir des notions qui n'existaient pas chez moi, ou plutôt dans ma mémoire, ces notions sur la création, quoique exprimées par ma main, ne sont pas des réminiscences.

Mais ce n'est pas assez : Nous avons dit que, dans la réminiscence, il faut un discours qui, par le souvenir d'un objet, idée ou notion, nous conduise au souvenir d'un objet, idée ou notion oubliés. Pour que ce discours ait lieu, il faut du temps, tant soit peu.

Je plaçai ma main avec un crayon sur le papier, et je dis à la force occulte d'écrire quelque chose sur la création, et aussitôt et sans la moindre interruption, ma main exprima par l'écriture des notions que j'avais demandées à ma force occulte.

Donc, dans quel moment le discours a-t-il pu avoir lieu ? Quelles sont les choses, idées ou notions dont le souvenir a pu me conduire au souvenir des notions sur la création exprimées par ma main ?

On conviendra que, dans ce phénomène, ni le discours, ni le souvenir d'une ou plusieurs choses ou idées, nous conduisant au souvenir des notions sur la création n'ont existé, ce qui est une double preuve de la non-réminiscence dans les idées ou notions sur la création, écrites par ma main entraînée à mon insu.

Maintenant, si les notions sur la création, écrites par ma main, ne sont pas des réminiscences ; si elles n'ont pas été suggérées par le démon qui, selon M. de Gasparin, est tout à fait étranger à ces phénomènes ?

Si ce n'est pas l'âme d'une personne décédée qui a fait agir ma main, vu que M. de Gasparin, comme protestant, ne croit pas aux revenants ni aux communications des vivants avec les morts, qui a donc pu faire écrire ma main, à mon insu, des choses si nouvelles pour moi ?

Je prie donc, M. de Gasparin, de vouloir bien m'expliquer ce phénomène qui paraît être en opposition avec sa théorie sur les prodiges des extatiques.

Quant à ce que ma main a écrit, si M. de Gasparin désire le voir, je pourrai répondre à ses désirs. Mais que dira M. de Gasparin, lorsque ayant demandé à mon esprit de me répondre, par écrit, sur une chose que je savais, il n'a pu le faire, ou m'a répondu contre mes idées et convictions ? Y a-t-il ici de la réminiscence ?

Je passe maintenant au somnambulisme.

En parlant du somnambulisme, voici ce que M. de Gasparin nous dit dans son *Surnaturel* :

« La clairvoyance des somnambules ne paraît avoir, en général, que le caractère d'un écho : Ses prodiges sont des prodiges de réminiscence, ou de perception des images, et des idées qui remplissent l'intelligence des personnes avec lesquelles les somnambules sont en rapport. Tel me paraît être le bilan du magnétisme animal : il s'est peu modifié depuis son origine ». (Tome II, page 311).

D'après ce que M. de Gasparin vient de nous dire, il s'ensuit que, lorsqu'un somnambule nous dit dans son sommeil voir l'âme d'une personne décédée, en nous donnant un signalement exact du défunt, ce n'est pas la personne décédée que le somnambule voit, mais son image gravée dans la mémoire du somnambule même pour avoir connu le défunt de son vivant, ou dans la mémoire du consultant en rapport ; de manière que, les somnambules, dans ces apparitions des morts, n'agissent que par réminiscence, ou par soustraction d'images et de pensées.

Après avoir laissé parler M. de Gasparin, je vais aussi parler à mon tour.

En janvier 1848, fut publié un ouvrage intitulé : *les Arcanes de la vie future révélée*. Le titre de cet ouvrage ayant attiré mon attention, je cherchai à me le procurer, et, en le parcourant, je n'y vis qu'un recueil d'apparitions de personnes décédées faites aux somnambules.

Dans une question aussi délicate, je crus qu'il était préférable de consulter les Écritures, pour voir si les apparitions des morts aux vivants étaient admises par les livres saints.

J'ouvris donc la Bible, et le premier passage qui se présenta à mes yeux, fut le chap. XXVII du 1er livre des Rois, où il est dit que Samuel était apparu à la pythonisse d'Endor, et que, par l'intermédiaire de celle-ci, le prophète avait parlé à Samuel, apparition sur laquelle étaient calquées les apparitions rapportées par M. Cahagnet dans ces *Arcanes*.

Je vis ensuite, dans le 2e livre des Macchabées, le grand-prêtre Onias, et le prophète Jérémie apparaissant à Judas Macchabée.

Je vois dans saint Mathieu, chap. XVII, l'apparition de Moïse et d'Elie à Pierre, Jean et Jacques sur le Thabor.

Je lus enfin, dans le chap. XXVIII, du dit saint Mathieu, qu'à la mort de N.-S. Jésus-Christ, plusieurs morts apparurent à un grand nombre d'habitants de Jérusalem.

Convaincu par la Bible, de la possibilité, ou plutôt de la réalité des apparitions des morts aux vivants, je me fis cette question : Ces apparitions des morts aux vivants, qui d'après la Bible, ont eu lieu dans des temps reculés, pourront-elles avoir lieu de nos jours ?

Pour résoudre cette question, j'ai voulu interroger encore la Bible, et je trouvai l'Esprit saint, me tenant dans l'Ecclésiaste, le langage suivant : Ce qui a été, c'est ce qui sera, et ce qui a été fait, c'est ce qui se fera.

Alors je me suis dit : les apparitions des morts aux vivants ont existé, selon la Bible ; or, ce qui a existé dans un temps, doit selon la Bible, exister dans un autre.

Donc rien ne s'oppose à ce que les apparitions, ayant existé dans un autre temps, ne se renouvellent aujourd'hui, Dieu le permettant.

Mais il s'agissait de savoir si, les apparitions rapportées dans les *Arcanes* étaient véritables, ou si elles n'étaient que des illusions ou des contes. La solution de ce problème m'appartenait.

Ce fut dans ce but que je me présentai chez l'auteur des *Arcanes* ; une discussion très sérieuse s'engagea entre lui et moi, sur son ouvrage, et par son sujet j'eus l'apparition de mon frère Joseph, la troisième qui figure dans le 2e volume des *Arcanes*.

En effet, je demandais l'apparition de feu mon frère, et quelques minutes se furent à peine écoulées, que la lucide Adèle me dit voir un monsieur, et par le signalement qu'elle nous donna sur le physique, le costume, le caractère, la maladie et le lieu de la mort de la personne apparue, je ne pus que reconnaître, dans ladite personne, celle de mon frère Joseph.

Cette apparition produisit sur moi un tel effet que, rentré chez moi, je ne pus fermer les yeux de toute la nuit ; je cherchais à m'expliquer ce phénomène.

Mais après m'être fatigué, en faisant ces recherches, je crus, comme magnétiseur, pouvoir expliquer ces sortes d'apparitions par les mêmes moyens que M. de Gasparin prétend les expliquer aujourd'hui. Je me suis dit, à moi-même : les somnambules voient les images des choses gravées dans la mémoire des personnes avec lesquelles elles sont en rapport ; l'image de feu mon frère étant gravée dans ma mémoire, il a suffi que M. Cahagnet m'ait mis, par un acte de sa volonté, en rapport avec sa lucide, pour que celle-ci ait vu l'image de mon frère gravée dans cette mémoire.

Dans cette idée, j'écrivis à M. Cahagnet, lui disant que, malgré mon aveu d'hier sur la réalité de l'apparition de mon frère, mes connaissances magnétiques m'ayant fait penser aujourd'hui autrement, elles exigeaient de nouvelles apparitions pour me convaincre de leur réalité.

M. Cahagnet ayant répondu à mes désirs, deux apparitions eurent lieu : une de mon dit frère Joseph, et l'autre d'Antoinette Carré, sœur de ma domestique, apparitions qui sont rapportées dans le 2e volume des *Arcanes* ; les signalements des personnes apparues, donnés par la somnambule, furent on ne peut plus exacts.

Mais toujours dans l'idée que, les images des personnes apparues, étant gravées dans ma mémoire, la somnambule aurait pu les voir, cette séance ne produisit sur moi aucun effet.

Curieux cependant, de savoir si d'autres somnambules auraient la même faculté que la lucide de Cahagnet, à l'égard de ces apparitions dans le sens que je les avais comprises, je priai M. Lecocq, horloger de la marine, demeurant à Argenteuil, de faire quelques expériences d'apparitions avec sa sœur, somnambule très lucide.

M. Lecocq, désirant m'être agréable à ce sujet, endormit, le 5 février 1848, sa sœur, et obtint cinq apparitions, dont trois de personnes inconnues à lui, aussi-bien qu'à sa lucide, qui donnèrent leurs noms ; ce ne fut qu'après avoir pris des renseignements de personnes qui avaient connu les trois défunts de leur vivant, qu'on put s'assurer de leur identité personnelle, comme cela résulte doublement, et de la lettre que M. Lecocq m'écrivit et que je peux faire voir à M. de Gasparin, et du rapport que le dit M. Lecocq en fit à M. Cahagnet, rapport qui fut publié dans le 2e volume des *Arcanes*, p. *244.*

En vue de ce fait, et d'autres du même genre, parvenus à ma connaissance, mon opinion sur la soustraction des images, et des idées de la mémoire des consultants, par les somnambules, commença à se modifier.

Cependant, pour me convaincre entièrement de la réalité desdites apparitions, il fallait que de semblables faits me passassent sous les yeux.

Animé de ces sentiments, je priai une personne de ma confiance de me donner le nom de baptême, et de famille, d'un défunt tout à fait inconnu de moi ; on me donna celui de Joseph Moral.

La jeune somnambule de 13 ans, dont j'ai parlé dans la première partie de cet opuscule, se trouvant un jour endormie par sa mère, chez moi, je profitai de cette occasion, pour prier la lucide de faire apparaître M. Joseph Moral.

Deux minutes s'étaient à peine écoulées, que la jeune somnambule nous dit voir un homme dont elle nous donna le signalement. N'ayant jamais connu le dit Joseph Moral, et ne pouvant par cela même rien dire à son égard, je me suis borné à écrire très fidèlement son signalement, tel qu'il me fut donné par la lucide.

La séance terminée, j'allai voir la personne qui m'avait donné les noms de M. Joseph Moral, et lui ayant lu le signalement du défunt, ce ne fut pas sans surprise, qu'ayant reconnu dans ledit signalement celui de la personne dont elle m'avait donné les noms, elle me dit : « Monsieur, comment avez-vous pu faire une description aussi exacte de M. Joseph Moral, sans l'avoir jamais connu ni vu ? »

Ce fait fut pour moi une véritable conviction que les somnambules, dans les communications avec les morts, ne voient pas les simples images des défunts dans la mémoire des consultants, mais suivant nous, les âmes des personnes décédées, comme la pythonisse d'Endor vit l'âme de Samuel, dit l'Esprit-Saint dans l'Ecclésiastique.

Si M. de Gasparin désirait connaître la personne qui me donna les noms de M. Joseph Moral, je me ferais un plaisir de le conduire chez elle.

Voici encore un autre fait du même genre, mais bien plus intéressant que le précédent.

M. de Sarrio, d'Alicante, en Espagne, chevalier de Malte, donna à mon frère Joseph, dont j'ai déjà parlé, 15.000 francs pour être distribués aux pauvres, somme dont mon dit frère donna un reçu au bienfaiteur.

À la mort de M. de Sarrio, son frère M. le marquis d'Algolfa, devenant son héritier, trouva parmi les papiers du défunt le reçu que mon frère avait donné à celui-ci de son vivant.

À la mort de mon frère Joseph, M. le marquis d'Algolfa, désirant savoir si tout l'argent de son frère avait été déjà distribué aux pauvres, s'adressa à ma sœur comme étant héritière de feu mon frère. Ma sœur ne connaissant pas les affaires de son frère, ne vivant pas avec lui, mit à la disposition de M. le marquis les registres du défunt. Ces registres ne constatant que la distribution de la moitié de la somme destinée aux pauvres, M. le marquis réclama de ma sœur l'autre moitié de l'argent.

Ma sœur n'ayant hérité de presque rien, et n'ayant accepté l'héritage que sous bénéfice d'inventaire, ne se croyant pas responsable d'un argent qu'elle n'avait pas touché et dont elle ignorait le dépôt, refusa de donner cette somme, ce qui lui occasionna un procès de la part de M. le marquis.

Ma sœur, extrêmement peinée par ce procès qui lui occasionnait des frais, et lui causait de grands chagrins, m'en fit part par une lettre datée d'Alicante même.

Très contrarié de ce qui venait de se passer avec ma sœur, j'allai voir la jeune lucide ci-dessus, lui demandant l'apparition de mon frère, avec qui, la lucide, avait déjà communiqué plusieurs fois, selon son dire.

La somnambule m'ayant dit le voir, je le questionnai sur l'affaire de l'argent reçu de M. de Sarrio, lui faisant des reproches en raison de sa conduite à l'égard du dépôt dudit argent et des peines qu'il avait causées à ma sœur.

Mon frère, étonné de mon langage, me dit ne devoir rien à personne, et que, quant à l'argent en question, il l'avait donné au Père Mario, quelques mois avant de mourir, pour être distribué aux pauvres, et que, pour le prouver, il allait faire venir le Père Mario.

À peine mon frère m'avait-il tenu ce langage, que la somnambule me dit voir un homme avec mon frère, et par le signalement qu'elle m'en donna, je crus reconnaître un moine capucin. Ce moine, interrogé par mon frère, confirma ce que celui-ci m'avait dit.

Comme je n'avais jamais entendu parler du Père Mario, ayant quitté Alicante depuis plus de trente ans, et dans l'impossibilité de pouvoir dire la moindre chose à l'égard dudit Père Mario, je me suis borné à lui demander des renseignements sur son pays et sur sa famille ; il me dit être de Saint-Vincent-du-Respect, à une lieue d'Alicante, etc.

En conséquence, après cette révélation, j'écrivis à ma sœur lui faisant les questions suivantes :

— Votre frère Joseph, a-t-il été visité quelques mois avant sa mort, par un prêtre appelé le Père Mario, et ayant une sœur à Saint-Vincent-du-Respect ? Sais-tu si ce Père Mario est mort ?

Voici sa réponse :

— Quant au Père Mario, il y a plusieurs années qu'il a quitté ce pays, et on ne sait s'il est en France ou en Amérique. Il n'a pas visité notre frère au moment de sa maladie, mais quelques mois avant parce que, plusieurs mois auparavant, il n'était plus ici ; il avait deux sœurs, dont l'une était en Algérie ; l'autre l'avait suivi.

Les lettres écrites par moi, à ma sœur, à ce sujet, et les réponses de celle-ci, avec d'autres détails, furent publiés dans le 3e volume des

Arcanes, et leurs originaux, qui sont en mon pouvoir, sot à la disposition de M. de Gasparin. Maintenant, qu'il me soit permis de faire une demande à M. de Gasparin, uniquement sur ce dernier fait.

Si l'apparition du Père Mario n'est pas une hallucination, mais un fait réel, constaté par les lettres de ma sœur, lesquelles reconnaissent l'existence du Père Mario ;

Si la lucide n'a pu voir dans ma mémoire, l'image du Père Mario, ne l'ayant vu ni connu ;

Si ce n'est pas le démon qui, prenant la forme du Père Mario, n'a pas apparu à la somnambule, vu que M. de Gasparin repousse l'intervention du démon dans les phénomènes du somnambulisme ;

Si ce n'est pas l'âme du Père Mario qui est apparue à la somnambule, puisque M. de Gasparin ne croit pas aux revenants, et aux communications des morts avec les vivants ; M. de Gasparin pourrait-il m'expliquer le phénomène somnambulique du Père Mario, et le concilier avec son *Surnaturel en général* ? Voilà les faits que j'ai pour le moment à opposer au *Surnaturel* de M. de Gasparin.

Plus tard, je pourrai dire d'autres choses à M. de Gasparin, ainsi qu'à M. de Mirville, et sur le somnambulisme, et sur les tables et sur les médiums.

Si M. le marquis de Mirville, et M. le comte de Gasparin, ne répondent pas à mon appel, leur silence nuira beaucoup aux intérêts de la vérité, de la science et de la religion. C'est donc pour ne pas agir contre des intérêts si sacrés, que j'aime à croire que ces messieurs ne manqueront pas de satisfaire à mes désirs.

S'il leur était plus commode de me répondre verbalement, je me ferais un honneur de me rendre auprès d'eux, pour écouter avec autant d'attention que de remerciement, tout ce qu'ils jugeraient à propos de me dire au sujet des faits que je viens de leur exposer ; ces faits je les publierai ensuite, si les intérêts de la vérité, de la science et de la religion l'exigent.

Abbé ALMIGNANA

moyen, ô miracle, de s'empiler davantage ; un long couloir aboutissait à la salle des séances, il formait une espèce d'antichambre ; ces jours-là, les spectateurs en retard avaient la patience et le courage de se tenir debout jusqu'à la fin de la soirée pour écouter le Maître :

Un jour, un ingénieur de nos amis nous amena un visiteur qu'il nous présenta. Ce Monsieur pouvait avoir une cinquantaine d'années, un véritable gentleman. Il s'empressa de nous tendre sa carte. Nous lûmes : M. le comte de Brunet de Puisay.

Nous crûmes devoir garder le silence sur le nom et le titre de notre visiteur dans la crainte d'influencer les médiums.

La séance suivit son cours habituel par l'obtention des communications écrites. On en vint ensuite aux manifestations physiques. Nous engageâmes M. de Brunet à s'approcher du trépied. La table à son contact s'agita nerveusement. Le meuble s'inclina immédiatement vers lui qui semblait tout étonné de cette déférence.

D. — Qui es-tu ?
R. — Un ami.
D. — Dis-moi ton nom ?
R. — Don Pedro de Castillan.
D. — Où m'avez-vous connu ?
R. — À Rome.
D. — L'endroit ?
R. — Au Vatican !

À cette réponse inattendue, l'assistance entière se mit à rire, en supposant une mystification.

Mais le comte ne riait pas, lui, il était pâle d'émotion. Il continua ses demandes à l'esprit qui dicta la phrase suivante :

« Soyez homme de bonne foi et à l'exemple des disciples de Jean, allez dire à Rome ce que vous avez vu et entendu ce soir ; mais dites surtout que l'heure de la rénovation morale a sonné ! »

Le comte était stupéfait, puis comprenant qu'il nous devait une loyale explication, il nous avoua qu'il était envoyé par le pape, en mission pour étudier les phénomènes spirites et nous quitta tout ému.

Restés seuls, après le départ de notre monde, ma femme, poussée par un mouvement instinctif, ou par la curiosité si naturelle aux dames, s'empara de la carte de l'envoyé du pape qu'elle avait jetée dans une coupe.

ARTICLE DU JOURNAL LE SPIRITISME

N. D. L. R. — En lisant, dans la *Revue*, la première partie de la brochure de l'abbé Almignana, M. Van-de-Ryst, directeur du *Messager*, à *Liège*, nous exprima sa grande satisfaction et celle de ses amis ; il nous demanda de faire une brochure populaire de ce que nous insérions dans la *Revue*, et d'y ajouter un article paru dans le journal *le Spiritisme*, de février 1889, intitulé : VOYAGE AU PAYS DES SOUVENIRS, *Envoyé par le Pape*, ce qui compléterait cette brochure populaire. Voici, *in extenso*, l'article du journal *le Spiritisme* ; nos lecteurs jugeront, comme M. Van-de-Ryst, qu'il corrobore les expériences de M. Almignana, en prouvant de la manière la plus positive, que dès le début du spiritisme le clergé catholique a connu toute la valeur des manifestations, et que, récemment, il a voulu étouffer la vérité, ce grand coupable. (Merci à M. G. Delanne, qui nous permet cette reproduction.)

ENVOYÉ PAR LE PAPE !

Pour encourager nos efforts et juger par lui-même de la marche de nos travaux, Allan Kardec venait de temps à autre présider une de nos réunions. Il nous gratifiait alors de ses conseils. Ces jours-là étaient jours de fête, on trouvait encore dans notre petit appartement l

Quel ne fut pas son ébahissement, en voyant apparaître à ses yeux, des caractères inscrits dans la carte de visite, entre le carton et le vernis en teinte mate, et en plus ceux de M. de Brunet de Puisay

Camérier secret de cape et d'épée de sa sainteté Pie IX.

Cette phrase ne pouvait s'apercevoir qu'en inclinant la carte de visite dans un certain sens.

Qu'auraient pu dire Messieurs les partisans « du tout à la suggestion » si à cette époque leur théorie était née ? ....

Quelle leçon pour tout le monde ! ....

Encore un document concernant la bonne foi de certains membres du clergé au sujet des phénomènes spirites, document obtenu à peu près à la même époque.

Cette fois, on ne mit pas son drapeau dans sa poche et l'on nous présenta sans ambages le nom des visiteurs : l'abbé Marouzeau, l'auteur d'un ouvrage à tous crins contre le spiritisme ; les foudres de son éloquence, s'y mêlant aux foudres du Vatican, devaient à jamais pulvériser les esprits, typteurs et autres, et ceux qui osaient croire à leur existence. Il y avait aussi un théologien distingué, M. Marène ; le directeur des conférences de Saint-Sulpice, M. Delanoux, membre de l'Institut ; M. et Mme Dozon, directeurs de la « Revue d'Outre-Tombe » ; M. Piérard, rédacteur de la « Revue Spiritualiste ». On discuta longuement, très longuement sur les lois de la réincarnation et les principes généraux de la doctrine, sans que la question fît un pas.

Bref, nous proposâmes de passer à la démonstration des faits. Il nous vint une idée heureuse, afin de convaincre ces messieurs qui niaient le mouvement des tables, de nous servir d'un énorme comptoir de commerce en chêne massif rempli de marchandises, qui se trouvait dans une chambre attenante à notre lieu de réunion habituelle.

Lorsque les visiteurs l'aperçurent, ils ne purent dissimuler les sourires sardoniques qui indiquaient leur incrédulité préconçue.

Pouvaient-ils supposer qu'une masse pareille pût bouger d'elle-même ?

À moins d'un miracle, dit l'un en goguenardant ! Et pourtant, le *fameux miracle* eut lieu tout simplement.

Écoutez : M. Piérard fit l'évocation de l'air magistral qui lui était habituel ! Nous fîmes placer notre monde comme d'habitude, des deux côtés du comptoir, debout, les mains seules posées légèrement sur le plateau.

Après quelques minutes, la grosse masse se mit à basculer de droite à gauche, de gauche à droite, suivant le désir exprimé par l'un d'eux.

On entendait aussi, par instants, un crépitement de petits coups frappés dans l'intérieur du bois.

Étonnement général ! C'est alors que le plus confit en dévotion, ne pouvant nier le mouvement du meuble, nous dit en changeant de tactique : Je connais le moyen d'empêcher ces mouvements désordonnés, car ils sont produits par l'esprit du mal.

Et quel est ce moyen, lui demanda-t-on ?

Il est très simple.

On n'aurait qu'à poser sur le comptoir un christ, et le diable se retirerait de suite en présence de l'image du fils de Dieu.

— J'en porte toujours un sur moi, dit Mme Dozon, voulez-vous, monsieur l'abbé, tenter l'expérience ?

L'abbé tout triomphant, prit la petite croix d'ivoire, venue si à propos ; il la posa avec emphase, peut-être par conviction sur le plateau du meuble. « Au nom du Christ ; notre maître et notre Dieu, s'écria-t-il,

Vade retro Satanas ! »

Et nous entendions l'évocateur marmotter des prières et redoubler ses exorcismes.

Pauvre abbé ! Nous revoyons encore sa figure déconfite, lorsqu'il constata que les mouvements du comptoir étaient encore plus accentués qu'avant son adjuration.

Ils protestaient à leur manière, nos chers esprits, contre l'imputation d'être traités de diablotins. Ils protestaient avec une telle énergie, que les tiroirs contenant des marchandises sortaient de leurs rainures et glissaient avec fracas sur le plancher, tandis que la petite croix restait dans l'endroit où elle était posée, rivée par une force invisible.

Croyez-vous que ces phénomènes aient pu les convaincre ? Nous en doutions, puisque, de la part du clergé, la guerre continua de plus belle.

N'est-ce pas le cas d'appliquer à ces professeurs en théologie le précepte de l'Évangile cité si souvent par eux dans leurs sermons aux profanes :

Oculos habent et non videbunt
Ores habent et non audient.

LETTRE DE VICTORIEN SARDOU (DE L'ACADÉMIE).

PARIS, 30 NOVEMBRE 1888

Mon cher Rambaud,
Il y a plus de quarante ans que j'observe, en curieux, les phénomènes qui, sous les noms de magnétisme, somnambulisme, extase, seconde vue, etc., étaient dans ma jeunesse, la risée des savants. Quand je me hasardais à leur faire part de quelque expérience, où mon scepticisme avait dû se rendre à l'évidence : quel accueil, et quelle gaieté ! — j'entends encore le rire d'un vieux docteur de mes amis, à qui je parlais de certaine fille que des passes magnétiques mettaient en état de catalepsie. Un coup de feu partait subitement à son oreille ; un fer rouge effleurait sa nuque. — Elle ne bronchait pas ! « Bast ! me répondit le bonhomme, les femmes sont si trompeuses ! ... »

Or, voici que tous les faits niés alors de parti pris sont aujourd'hui acceptés, affirmés par les mêmes gens qui les traitaient de jongleries. Il n'est pas de jour où quelque jeune savant ne me révèle des nouveautés que je connaissais avant qu'il fût né. Je n'y vois rien de changé que le nom : ce n'est plus le *magnétisme* — vous pensez bien que ce nom sonnait mal aux oreilles de ceux qui l'avait tant ridiculisé — c'est *l'hypnotisme, la suggestion* : désignations qui ont meilleure grâce. En les adoptant, on donne à entendre que le *magnétisme* n'était réellement qu'une duperie dont on a fait banne justice, et que la science officielle mérite doublement notre reconnaissance. Elle nous en a délivrés, et nous a dotés, en échange, d'une vérité scientifique : l'hypnotisme, — qui, d'ailleurs, est exactement la même chose.

Je citais, un jour — je parle de loin — à un fort habile chirurgien ce fait, aujourd'hui bien connu, de l'insensibilité produite chez certains sujets, en les obligeant à regarder fixement un petit miroir ou quelque objet brillant, de façon à provoquer le strabisme. Cette révélation fut accueillie comme elle le méritait, par de bons éclats de rire et quelques fines plaisanteries sur mon « miroir magique ». — Des années se passent : le même homme vient un matin déjeuner chez moi, et s'excuse d'être en retard. Il a dû arracher une dent à une jeune fille très nerveuse et très craintive. « Et j'ai, dit-il, tenté sur elle une expérience nouvelle et fort curieuse. À l'aide d'un petit miroir métallique, je l'ai si bien endormie, que j'ai pu extraire la dent sans qu'elle s'en doutât ». — Ici, je me récrie : « Pardon ! mais c'est moi qui le premier, vous ai signalé le fait, et vous vous en êtes bien moqué ! » — Désarçonné tout d'abord, mon homme a vite fait de se remettre en selle. « Bon !! me dit-il, vous me parliez magie ; mais ceci est de l'hypnotisme ! »

Toute la science officielle a traité nos pauvres vérités méconnues de cette-façon-là. — Après les avoir bien bafouées, elle se les est appropriées ; mais elle a eu soin de changer les étiquettes.

Enfin, quel que soit leur nom, les voilà dans la place. Et puisque nos savants ont fini par découvrir à la Salpêtrière ce que tout Paris a pu voir, sous Louis XV, au cimetière Saint-Médard, il y a lieu d'espérer qu'elle daignera s'occuper un jour de ce spiritisme qu'elle croit mort de ses dédains et qui n'a jamais été plus vivace. Elle n'aura plus, ensuite, qu'à lui imposer un autre nom ; pour s'attribuer le mérite de l'avoir découvert, après tout le monde.

Seulement, ce sera long ! — Le spiritisme a d'autres ennemis à combattre que ce mauvais vouloir.

Il a d'abord contre lui les expériences de salon, détestable moyen d'investigation, bon tout au plus à confirmer les sceptiques dans leur incrédulité, à suggérer aux loustics d'ingénieuses mystifications, et à faire dire aux gens d'esprit bien des sottises.

Il a, de plus, à lutter contre les charlatans qui font du spiritisme à la Robert-Houdin, et contre les demi-charlatans, qui, doués-de facultés médianimiques véritables, ne savent pas s'en contenter et, par vanité ou par intérêt, suppléent à l'insuffisance de leurs moyens par des moyens factices.

Mais il a surtout à vaincre deux grands obstacles : l'indifférence d'une génération toute à ses plaisirs et à ses intérêts matériels, et cette défaillance des caractères, chaque jour plus manifeste, dans un pays où personne n'a plus le courage de son opinion, mais se préoccupe surtout de celle du voisin, et ne se permet d'en adopter une que lorsqu'il lui est bien prouvé qu'elle est celle de tout le monde.

En toute matière, art, lettres, politique, science, etc., ce que l'on redoute le plus, c'est de passer pour un naïf, qui croit à quelque chose, ou pour un enthousiaste, qui ne s'y connaît pas, puisqu'il admire ! — L'homme le plus sincèrement ému par une belle parole, une belle œuvre, une belle action, s'il voit quelque sceptique esquisser un sourire, n'a rien de plus pressé que de railler ce qu'il allait applaudir ; pour établir qu'il n'est pas plus « gobeur » qu'un autre, et qu'il est un juge très éclairé, puisqu'il n'y a pas moyen de le satisfaire.

Comment des gens si soucieux de l'opinion d'autrui — fussent-ils d'ailleurs convaincus de la réalité des manifestations spirites par les preuves les plus décisives, comment oseraient-ils l'avouer en public, confesser leur foi, et dans ce siècle de lumières, après Voltaire !... ô Prudhomme ! braver ton indignation et la terrible apostrophe que tu me cornes aux oreilles depuis si longtemps :

« Alors, monsieur, vous admettez donc le surnaturel ? »

Non, Prudhomme, non ! je n'admets pas le surnaturel. — Il n'y a pas de surnaturel. — Dès qu'un fait se produit ; ce n'est que par l'effet d'une loi de la nature. — Il est donc naturel ! — et le nier *à priori*, sans examen, sous prétexte que la loi productrice n'existe pas ; déclarer qu'elle n'existe pas, parce qu'elle est inconnue ; contester la réalité du fait, parce qu'il ne rentre pas dans l'ordre des faits établis et des lois constatées : c'est l'erreur d'un esprit mal équilibré qui croit connaître toutes les lois de la nature. — Si quelque savant a cette prétention-là, c'est un pauvre homme !

Mais où je l'attends, c'est à l'examen sérieux des faits, quand il sera forcé d'y venir. Je lui promets quelques surprises.

Mille amitiés.
V. SARDOU.

LE CHRIST QUALIFIÉ DE MAGNÉTISEUR PAR LA SYNAGOGUE ET L'INCRÉDULITÉ MODERNES,

ET LE MAGNÉTISME PLAIDANT LUI-MÊME
LA CAUSE DU CHRIST.

INTRODUCTION

Dans un pays comme la France, où le langage aussi bien parlé qu'écrit est permis, tout citoyen peut parler et peut écrire selon ses goûts et ses intérêts. Cependant, pour user loyalement du droit de transmettre sa pensée, soit de vive voix, soit par écrit, il faut dans l'intérêt du bien public, qu'en parlant on dise la vérité, et qu'en écrivant on évite le mensonge.

Malheureusement cela n'est pas trop commun dans le temps où nous vivons ; car que de discours politiques n'entend-on pas prononcer dans des réunions privées et publiques ; que d'écrits de ce même genre ne sont-ils pas répandus dans le monde, et qui, examinés de près, n'offrent qu'un amas d'erreurs et de faussetés !

Mais ce qui se passe sous nos yeux relativement aux opinions politiques, nous le voyons se passer par rapport aux croyances religieuses.

En effet, comme s'il n'était pas assez du grand nombre d'impostures, sarcasmes et blasphèmes déversés contre le Christ par ses anciens ennemis, ses nouveaux antagonistes viennent de lui prodiguer une épithète nouvelle, celle de *magnétiseur*.

C'est ainsi que j'ai entendu qualifier le Christ par les chefs de la synagogue et par quelques incrédules de nos jours.

Il est vrai que suivant l'usage du monde, le mot magnétiseur n'a en soi-même rien de blessant, mais par rapport à Jésus-Christ ce mot non seulement est injurieux, mais encore les conséquences qui en découlent sont nuisibles à la croyance chrétienne, comme on le verra par le raisonnement suivant.

Si ce n'est pas en vertu d'une puissance particulière et divine, mais par le seul moyen naturel du magnétisme que Jésus-Christ a opéré les merveilles racontées dans l'Évangile, il s'ensuit que Jésus-Christ n'était pas le Fils de Dieu et un envoyé du ciel comme il le disait et le christianisme l'enseigne, mais un homme qui, placé par son savoir au-dessus des populations qui le suivaient, sut les séduire par le merveilleux de quelques phénomènes magnétiques, que l'on prenait pour des miracles, c'est-a-dire, que Jésus-Christ n'était qu'un rusé imposteur, comme Mahomet et tant d'autres chefs de secte qui ont prétendu se faire passer pour des envoyés du Très-Haut.

Tel est le but que la synagogue et l'incrédulité modernes se proposent en qualifiant le Christ de magnétiseur, et telles sont les conséquences de la nouvelle épithète, et qui ne tendent pas moins qu'à renverser la croyance de la divine mission de Jésus-Christ sur la terre.

Eh bien ! usant de la même liberté dont la synagogue et l'incrédulité se servent pour calomnier aujourd'hui le Père de la grande famille chrétienne, je vais aussi à mon tour plaider la cause de ce bon Père et faire voir que Jésus-Christ n'a jamais été magnétiseur, et qu'en le qualifiant ainsi la synagogue et l'incrédulité de nos jours ont manqué à la vérité.

Ce ne sera pas sur des arguments puisés dans la théologie chrétienne que j'appuierai mon plaidoyer, mais sur les mêmes armes avec lesquelles les ennemis de la croix cherchent aujourd'hui à l'abattre, c'est-à-dire sur le magnétisme même. Oui, sur le magnétisme ; car ce sera le magnétisme lui-même qui saura défendre le Christ contre ses calomniateurs.

Heureux si je puis atteindre le but que je me propose dans ce mince ouvrage, qui du reste, est écrit par une plume étrangère et avec la simplicité d'un ancien curé de village.

CHAPITRE PREMIER.
MAGNÉTISME.

Quelques ennemis que les Juifs fussent de Jésus-Christ, ils ne contestaient point ses miracles. À la suite de la résurrection de Lazare, si retentissante dans toute la Judée, les principaux sacrificateurs et les Pharisiens ayant assemblé le conseil, en parlant de Jésus-Christ, dirent : Que ferons-nous ? car cet homme fait beaucoup de miracles ; si nous le laissons faire, chacun croira en lui[1].

Lors de la guérison du paralytique de la piscine probatique, les Juifs reconnurent ce miracle, mais ils blâmèrent le Christ pour l'avoir fait le jour du sabbat, et c'est un argument dont Tertullien se servait contre eux.

Vous ne disconvenez pas, leur disait-il, que le Christ a fait des merveilles, puisque vous disiez que ce n'était point pour ses œuvres que vous le lapideriez, mais parce qu'il les avait faites le jour du sabbat[2].

Mais si les Juifs reconnaissaient les miracles de Jésus-Christ, ils les attribuaient soit au démon, soit à la magie, ou au nom ineffable de Jéhovah, que, suivant eux, le Christ avait soustrait frauduleusement du temple.

---

1. Saint Jean, chap. XI.
2. *Adv. Jud. cap.* .2

Les philosophes les plus ennemis du christianisme, tels que Celse, Porphyrus, Julien Apostat et autres, reconnaissaient aussi les miracles de Jésus-Christ, mais, comme les Juifs, ils les regardaient comme l'ouvrage du démon ou comme les effets de la magie que le Christ, disaient-ils, avait étudiée en Égypte.

Enfin, les auteurs qui traitent *ex professo* cette question fournissent une masse de preuves en faveur de ce que je viens d'établir. Aujourd'hui les chefs de la synagogue et un grand nombre d'incrédules, se croyant plus avancés dans les sciences que les Juifs et les philosophes anciens, tout en avouant les merveilles opérées par le Christ ; ce n'est plus à la puissance du démon, de la magie, ni du nom ineffable de Jéhovah qu'ils les attribuent, mais à la puissance magnétique, et c'est dans ce sens qu'ils qualifient le Christ de magnétiseur.

Mais puisque cela est ainsi, il s'agit de savoir maintenant si Jésus-Christ a effectivement été magnétiseur, comme on le prétend. Quant à moi, je n'hésite pas de le nier, et si je le nie, c'est d'après ce que la magnétologie m'apprend.

Je vais aborder la question, et pour la traiter d'une manière à pouvoir être compris, je commence par donner quelques notions, quoique concises, sur le magnétisme si ignoré encore de tant de monde.

On donne le nom de magnétisme animal ou humain, suivant quelques auteurs ecclésiastiques, à l'influence occulte que les corps organisés exercent l'un sur l'autre.

Le moyen ou véhicule par lequel cette influence s'exerce, on le nomme fluide magnétique, force vitale ou vie spiritualisée.

Le fluide magnétique est une substance si subtile qui, échappant au poids, mesure et condensation, pénètre les corps les plus opaques et les plus solides ; tout homme étant doué de cette force vitale comme inhérente à son organisation, peut être magnétiseur.

Cependant, quoique, comme je viens de dire, la faculté de magnétiser appartienne à tous les hommes, le fluide magnétique, franchissant le corps du magnétiseur par un acte de sa volonté, peut agir plus ou moins vivement sur la personne ou tout autre objet magnétisé, suivant que la volonté du magnétiseur est plus ou moins énergique, que le magnétiseur est plus ou moins bien constitué, et suivant qu'il sait plus ou moins régler l'action magnétique d'après les préceptes de la science.

Quant à la découverte du magnétisme, si l'on ne peut pas en préciser l'époque on sait néanmoins qu'il a été pratiqué dans l'Inde, en Égypte, en Perse, chez les Grecs, les Romains, les Gaulois, pendant le Bas-Empire, le Moyen Âge, les temps modernes, les derniers siècles, comme il se pratique aujourd'hui.

Doué de propriétés éminemment curatives, le magnétisme appliqué thérapeutiquement par le moyen d'attouchements, insufflations, frictions et passes. C'est en examinant le grand nombre de guérisons opérées par ces procédés magnétiques que l'on voit combien est grande la puissance magnétique dans le traitement des maladies.

Voici ce qu'à l'égard de ces quatre procédés l'histoire de la magnétologie nous apprend :

Guérisons par des attouchements, c'est-à-dire par l'action de toucher avec la main un corps quelconque.

Philostrate, dans la vie d'Apollonius, atteste que les sages indiens opéraient par le simple toucher des cures merveilleuses ; et en parlant d'un jeune homme boiteux, il nous dit que ces sages le frictionnèrent doucement avec la main, *manibus perfricantes*, et avec tant de succès, que le jeune homme sortant de leurs mains s'en alla marchant très-droit : *recté gradiens*.[3]

Plutarque nous dit que Pyrrhus, roi d'Épire, guérissait les malades en les touchant[4]. Apollonius, par le simple toucher, rappela à la vie une fille que l'on croyait morte et qu'on allait inhumer[5].

Vespasien étant à Alexandrie, en Égypte, guérit par le tact un aveugle et un paralytique[6].

Un aveugle vint de la Pannonie au-devant de l'empereur Adrien. À sa prière Adrien le toucha, et aussitôt il recouvra la vue ; puis il toucha Adrien qui avait la fièvre, et la fièvre le quitta. *Quo facto oculos recepit et Adrianum febris reliquit*[7].

Saint Augustin nous dit qu'il y a des hommes qui peuvent procurer la santé par le tact[8].

---

3. Philostrate, *Apollonii vita, liv. III, chap. 12.*
4. Plutarque, *in Pyrrho.*
5. Philostrate, *Apollonii vita, liv. III, chap. 16.*
6. Tacite, *Historiarum lib. IV.*
7. *Spartianus in Adrianum.*
8. Saint Augustin, liv. XV. de la *Cité de Dieu.*

Lanicetus, un des officiers du roi Clovis, étant tourmenté par des écrouelles, le roi ayant touché son officier, celui-ci en fut entièrement guéri[9].

Valentin Greatrakes, homme simple et pieux, qui vivait, en 1666, en Angleterre, par le seul attouchement guérissait la paralysie, la cécité, la surdité, l'hydropisie, des fièvres de tout genre, et un grand nombre d'autres maladies[10].

Si des temps aussi anciens, nous passons à des époques moins reculées, c'est-à-dire de Mesmer à du Potet, nous voyons l'usage des attouchements magnétiques suivi par les premiers magnétiseurs.

M. du Potet même prescrit les attouchements comme un remède efficace dans les phlegmasies du tube digestif, maladies de la vessie, et dans les affections scrofuleuses[11].

Guérisons par des insufflations, c'est-à-dire par l'action de souffler sur quelque partie du corps, lesquelles insufflations se pratiquent ordinairement au travers d'un linge plié en quatre et appliqué sur la partie du corps qui souffre.

Borel dit qu'il existait encore de son temps, dans l'Inde, une secte de médecins qui guérissaient les malades par la seule insufflation : *Quo morbos omnes sola curat insuflatione*[12].

Origènes nous rapporte, d'après le témoignage des païens, qu'il y avait des hommes qui guérissaient les malades par le souffle : *Homines morbos exuflantes*[13].

Bartholin nous dit qu'un épileptique se trouva guéri en lui soufflant dans l'oreille[14].

Merckelinius nous rapporte qu'une vieille femme ayant soufflé dans la bouche d'un enfant, le rappela à la vie[15].

Rolian affirme avoir souvent éprouvé que des épileptiques revenaient de leurs crises, si on leur soufflait dans l'oreille[16].

---

9. Laurent, *De Strumis*.
10. *Peklini observationum medicorum* lib. III.
11. Manuel de l'étudiant magnétiseur, pag. 38, 55, 91.
12. Boreli centur. 43, observ. 88.
13. Origi., *Contra Celsum*, lib. I.
14. Bartholinius, *Histo. auctorum*, cent. 2, pag. 178.
15. Merckelinius, *Tract. medico-physicus*, pag. 116.
16. Bartholinius, lib. II, cap. 78.

Saint Augustin nous dit, qu'il y a des hommes qui peuvent procurer la santé par le souffle[17].

C'est par des insufflations chaudes et des injections de l'eau magnétisée que M. Ricard guérit un sourd de naissance, nommé Hustrelle (Hippolyte), natif d'Ingouville[18].

Moi-même, n'ai-je pas soulagé à l'aide des insufflations une personne dont l'organe de l'ouïe ne faisait pas bien ses fonctions ?

N'ai-je pas calmé, par le même procédé, des douleurs d'estomac ?

Enfin, M. du Potet, connaissant l'efficacité des insufflations magnétiques, les prescrit dans le choléra et dans la résolution d'une glande[19].

Guérisons par les frictions, c'est-à-dire par l'action de passer la main successivement, avec une pression plus ou moins forte, plus ou moins modérée.

Alpin, dans son livre de la Médecine des Égyptiens, nous dit que les frictions étaient en grand usage en Égypte, dès les temps les plus reculés, et que parmi les secrets dont les Égyptiens se servaient pour la guérison des fièvres, la petite vérole et les flux dysentériques, les frictions y étaient comprises[20].

Hippocrate recommande les frictions comme un remède souverain[21].

Galien recommande aussi l'emploi des frictions, notamment de celles faites en tournant la main : *Rotundas frictiones*[22].

Alexandre de Tralles, médecin qui vivait dans le VIe siècle, présente les frictions comme un remède convenable dans plusieurs maladies[23].

Le cardinal Ximenés, tombé malade dans sa vieillesse, eut recours aux médecins, mais leurs soins étant devenus impuissants, ce fut une vieille femme qui, par l'emploi des frictions, guérit le cardinal dans la huitaine, comme elle l'avait promis[24].

Chez les sauvages, lorsque l'un d'eux est mordu par un serpent le plus venimeux, ils frictionnent longitudinalement et légèrement le

---

17. Saint Augustin, liv. XVI. de la *Cité de Dieu*.
18. Magnétiseur praticien, pag. 37.
19. Manuel de l'étudiant magnét., pag. 47, 91.
20. *Alpinus de medicina Ægypti*, lib. IV., cap. 15.
21. Hippocrate, *De articulis et officina medici*, lib. II.
22. Galien, *De sanitate tuenda*, lib. V.
23. Alexander Trallianus, lib. I, pag. 67.
24. *Liber de gestis Francisci Ximenes*, pag. 363.

malade durant des heures entières, jusqu'à ce que l'enflure diminue et qu'une abondante transpiration soit établie. Dès lors, ils regardent le moribond comme sauvé, et ne se trompent jamais dans leurs prévisions[25].

Moi-même, par l'emploi des frictions, n'ai-je pas porté des soulagements à des personnes qui souffraient des douleurs d'estomac ?

D'ailleurs, M. du Potet lui-même prescrit les frictions magnétiques comme partie intégrante du traitement dans les inflammations du cerveau, dans les phlegmasies du tube digestif et dans le choléra[26].

Guérisons par le procédé des passes. — On donne le nom de passes au mouvement des mains imposées à distance sur les corps que l'on veut magnétiser. Ce mouvement se fait en descendant et en ligne directe.

S'il fallait rapporter la masse de phénomènes produits quatrième procédé magnétique, il faudrait un *in-folio*. Je me bornerai à en citer un, dont le récit n'est pas moins intéressant que convainquant de l'efficacité des passes dans le traitement de certaines maladies.

Voici ce que M. du Potet nous rapporte à cet égard dans son Cours de magnétisme.

« Dans une des expériences faites par un étudiant magnétiseur, à l'Hôtel-Dieu de Paris, et en présence d'une réunion de médecins, présidée par M. Husson, une jeune fille extrêmement malade fut choisie par les assistants.

« Tous les moyens que fournit la médecine avaient été employés sans succès. Douze sangsues, vingt saignées, autant de vésicatoires, l'eau glacée, les affusions froides, l'opium, le musc, la diète la plus rigoureuse, rien n'avait pu arrêter les vomissements de sang qui menaçaient les jours de la malade, et réduite au dernier degré de marasme, elle attendait sa fin prochaine. Placée sur un brancard, on la porta dans une chambre séparée où les expériences devaient commencer.

« L'étudiant magnétiseur s'approchant d'elle et sans cependant la toucher, étendant simplement la main en face la région épigastrique et la dirigeant sur les principaux viscères des cavités splanchniques, il continue cette manœuvre pendant vingt minutes.

« La malade rapportée à son lit, chacun pensait qu'elle avait été

---

25. Manuel de l'étud. magnét., pag. 57. — Magnétiseur praticien, pag. 73.
26. Manuel de l'étud. magnét, pag. 37, 38, 47.

déplacée inutilement ; mais pas du tout, à dater de ce moment plus de vomissements, etc.[27] »

Des faits semblables sont si communs dans l'histoire du magnétisme, que j'ai cru inutile d'en rapporter davantage.

Enfin, pour connaître par un seul fait combien est grande la puissance du magnétisme employé thérapeutiquement, il n'y a qu'à jeter les yeux sur l'état des guérisons magnétiques obtenues par M. Laforgue, ancien chef de bataillon en réforme à Pau, envoyé par M. Charonceuil, procureur à la cour des comptes, à l'Académie de Médecine de Paris le 11 avril 1834, et on verra que du 1er janvier au 31 décembre 1833 M. Laforgue a guéri, par des procédés magnétiques, 136 personnes de différentes maladies, dont plusieurs regardées comme incurables par la médecine, et six animaux[28].

---

27. *Cours de magnétisme*, par M. du Potet, pag. 53.
28. Journal du magnétisme, n° 55.

CHAPITRE II. ŒUVRES DE JÉSUS-CHRIST

Après avoir parlé du magnétisme animal ou humain, d'une manière à ne rien cacher ni omettre de ce qui peut contribuer à l'agrandissement et à l'importance de sa puissance, je vais m'occuper des œuvres de Jésus-Christ, et c'est en les comparant avec les phénomènes magnétiques que le magnétisme même nous fera voir que Jésus-Christ, dans ses œuvres merveilleuses, n'agissait pas comme magnétiseur, mais comme un être qui était au-dessus des plus habiles magnétiseurs. Nous allons voir quelles sont les merveilles du Christ.

Jésus-Christ apaise une tempête élevée sur la mer de Genezareth et qui faisait craindre pour les jours de ses disciples. Seigneur, disaient-ils, sauvez-nous, car nous périssons[1].

Interrogeons les mages, les hiérophantes, les brahmines, les gymnosophistes, les druides et tant d'autres compagnies, si révérées dans l'ancienneté, surtout dans l'Orient, à cause des phénomènes si extraordinaires qu'ils opéraient, s'il y a eu parmi eux un seul qui ait dominé les vents et apaisé une tempête, et nous verrons que, tout en se vantant d'avoir guéri bien des malades par un simple attouchement, une simple direction de la main, ou par un simple souffle, ils resteront muets à notre demande.

---

1. Saint Matthieu, chap. VIII.

Demandons-en autant à nos magnétiseurs modernes, depuis Mesmer jusqu'à du Potet, et ils ne nous en diront pas plus que leurs devanciers dans le magnétisme.

D'ailleurs, si par le magnétisme on peut apaiser une tempête, pourquoi tant de malheurs arrivés sur mer ? Pourquoi tant de navires perdus, brisés, engloutis dans les flots ?

Quoi ! la boussole et la vapeur ont été appliqués à la navigation, et le magnétisme qui, en apaisant le déchainement des vents, serait une ancre de salut pour les navigateurs, n'est pas encore en usage chez aucun peuple maritime de la terre ?

Quoi ! il n'y aurait pas un seul magnétiseur qui, connaissant la puissance du magnétisme pour arrêter la violence des vents, n'eût pas découvert un secret qui, lui offrant des récompenses aussi lucratives qu'honorables, lui attirerait les bénédictions de ses semblables, et immortaliserait son nom ? Cela n'est pas croyable.

Mais ce n'est pas assez. On sait que l'action du fluide magnétique est sous l'influence de l'atmosphère, et qu'il agit peu ou mal lorsque l'atmosphère est chargée d'électricité.

En supposant qu'un homme puisse émettre une quantité de fluide magnétique proportionnée à ces immenses colonnes d'air agité, qui dans une tempête parcourent avec tant de vélocité des étendues sans bornes, ce qui pour moi est bien plus que difficile, les tempêtes et les orages sur mer n'étant que des phénomènes atmosphériques, il est évident que le fluide magnétique agirait mal ou très faiblement sur ces phénomènes, d'autant plus que les tempêtes et les orages sur mer ont presque toujours lieu lorsque l'atmosphère est chargée d'électricité.

Si donc Jésus-Christ apaisa une tempête, il faut avouer que ce ne fut pas par le moyen du magnétisme, mais par une autre puissance qui est au-dessus de la force magnétique, impuissante par elle-même pour pouvoir dominer les vents.

Jésus-Christ marche sur les eaux[2].

L'histoire du magnétisme nous apprend qu'il y a des magnétiseurs qui, par la force de leur volonté, sont parvenus jusqu'à rendre le corps d'un somnambule d'une légèreté extrêmement étonnante.

---

2. Saint Matthieu, chap. XIX.

Sans aller chercher dans l'Antiquité des exemples d'un phénomène aussi extraordinaire, nous en avons un bien récent.

M. Alexandre Dumas, connu par ses romans si en vogue aujourd'hui en France, dans une soirée chez. M. G. D..., ancien député, ayant endormi sa somnambule, la fit marcher sur une quantité d'œufs, semés exprès sur le parquet du salon, sans en écraser un seul. Ce fait, qui causa le plus grand étonnement spectateurs, fut publié dans le *Siècle* et reproduit dans le n° 62 du *Journal du magnétisme* de Paris.

Mais, tout en reconnaissant un fait aussi extraordinaire, si je demande qui est celui qui marcha sur les œufs sans les écraser, si ce fut le magnétiseur ou la somnambule ?on me dira que ce fut la somnambule.

Donc ce ne sont pas les magnétiseurs qui, rendus légers par le magnétisme, marchent sur les corps fragiles sans les briser ni écraser, mais les somnambules.

Donc Jésus-Christ marchant sur les eaux, ne le pouvait comme magnétiseur, mais comme somnambule, ce qui ne tranche pas la question en faveur des juifs et des incrédules qui ne voient en Jésus-Christ qu'un magnétiseur et pas un somnambule.

Je vais encore plus loin : Si Jésus-Christ ne marche pas sur les eaux comme magnétiseur, il ne marche pas non plus comme somnambule.

Tout homme initié dans le magnétisme sait qu'il y a deux sortes de somnambulisme : le naturel et l'artificiel ou magnétique.

Le somnambulisme naturel, étant organique et individuel, ne met le somnambule en communication qu'avec lui-même[3] :

Si Jésus-Christ était somnambule naturel, comment, dans l'état de somnambulisme dans lequel il marchait sur les eaux, put-il se communiquer à ses disciples, et leur parler comme l'historien sacré nous le rapporte ? Cela est impossible d'après la science. Donc, dans cette occasion, Jésus-Christ n'agissait pas comme somnambule naturel.

Le somnambulisme artificiel ou magnétique s'opère entre deux individus, l'un magnétiseur et l'autre somnambule. Si Jésus-Christ marcha sur les eaux comme somnambule magnétique, il ne le pouvait pas sans un magnétiseur qui, par un acte de sa volonté, eût rendu le

---

3. *Cours de magnétisme*, de M. du Potet, pag. 181.

corps de Jésus-Christ aussi léger qu'il le fallait pour pouvoir marcher sur un corps aussi liquide que l'eau.

Qui était donc le magnétiseur de Jésus-Christ ? vu que l'historien sacré qui nous rapporte ce fait merveilleux nous dit que Jésus-Christ était seul sur une montagne, en prière, dans le moment même où il se lança dans la mer de Tibériade pour aller joindre ses disciples qui étaient à bord d'une barque de pêcheur. En attendant que l'on fasse le tour de la Judée, Samarie et Galilée pour trouver le magnétiseur de Jésus-Christ, je vais m'occuper d'un autre fait qui n'est pas moins merveilleux que les deux premiers.

Jésus-Christ changea l'eau en vin aux noces de Cana.

Quoiqu'il est certain que par la puissance magnétique, on peut donner à l'eau le goût et le parfum du vin ou d'autres liqueurs, ce changement ou modification n'étant que relatif, rien ne prouve que Jésus-Christ, ni aucun magnétiseur aurait pu changer l'eau en vin aux noces de Cana. Je vais développer ce phénomène magnétique.

On sait que lorsque la volonté d'un magnétiseur envahit par son agent, c'est-à-dire le fluide magnétique, le système des sensations d'une personne chez laquelle le somnambulisme est déterminé, cette volonté peut modifier et même altérer la nature desdites sensations. Partant de ce principe, il résulte que, quoique les merveilles de l'état lucide ne se manifestent pas également sur tous les sujets, les magnétiseurs peuvent assez souvent, par un seul acte de leur volonté, produire chez leurs somnambules le mutisme, paralyser un membre, donner à l'eau la saveur et le parfum d'une liqueur ou boisson quelconque, etc. D'après ce que je viens de développer, on voit que c'est uniquement à l'égard de leurs somnambules, et pas chez les personnes dans leur état normal, que les magnétiseurs peuvent opérer de semblables phénomènes.

En vue de cela, pour que Jésus-Christ eût pu altérer, comme magnétiseur, le système de sensations des convives de Cana, et donner à l'eau, en vertu de cette altération de sensations, le goût ainsi que l'odeur du vin, il lui fallait, avant tout, déterminer chez lesdits convives l'état de somnambulisme lucide.

Et comment Jésus-Christ aurait-il pu déterminer le somnambulisme lucide chez tous les convives de Cana, lorsque cet état merveilleux ne peut pas être déterminé chez tous les hommes ; lorsque parmi cent personnes, à peine en trouve huit susceptibles d'être somnambules ?

Voici ce qu'à ce sujet nous dit M. du Potet : « Si tous les hommes ne sont pas somnambules, c'est parce qu'il y a peu d'individus dont les sens soient assez souples pour laisser ainsi l'âme s'échapper à demi, ou, pour dire mieux, luire à travers une légère tunique[4]. »

Si donc Jésus-Christ n'a pas pu, comme magnétiseur, déterminer le somnambulisme, même le plus simple, chez tous les convives de Cana ; si, par la même raison, il n'a pas pu non plus altérer, comme magnétiseur, les sensations desdits convives, il s'ensuit que Jésus-Christ n'a pas pu, comme magnétiseur, donner à l'eau la saveur et le parfum du vin par rapport auxdits convives dont il lui était impossible d'altérer les sensations.

Donc si, comme l'historien sacré nous l'assure, Jésus-Christ changea l'eau en vin aux noces de Cana, ce merveilleux changement ne fut pas produit par la puissance magnétique, mais par une autre puissance supérieure ; donc Jésus-Christ n'a pas pu agir, dans ce changement si extraordinaire de l'eau en vin, comme un simple magnétiseur.

D'ailleurs, si par le magnétisme on peut changer à volonté l'eau en vin, pourquoi les plus habiles magnétiseurs, pour se procurer cette denrée, ont-ils recours aux marchands de boissons alcooliques et font une dépense dont ils pourraient bien se passer ? Quelle plus grande folie que dépenser de l'argent pour l'achat d'un objet que l'on pourrait se procurer chez soi à volonté et sans les moindres frais ?

Jésus-Christ multiplie les pains [5].

L'expérience a démontré que les magnétiseurs, usant du pouvoir qu'ils ont sur le cerveau de leurs somnambules pour les impressionner, peuvent, dans certains cas, leur donner des sensations de tous genres. M. l'abbé Faria, dans les séances qu'il donnait à Paris, faisait voir à ses somnambules tout ce qu'il voulait. M. du Potet en fait autant dans ses conférences magnétiques dominicales.

Mais en comparant les phénomènes opérés par M. l'abbé Faria et M. du Potet avec le fait merveilleux de la multiplication des pains, on verra la notable différence qui existe entre Jésus-Christ et ces habiles

---

4. *Cours de magnétisme*, de M. du Potet, pag. 191.
5. Saint Matthieu, chap. XIV ; Saint Jean, chap. VI.

magnétiseurs ; que, quand même Jésus-Christ aurait voulu et multiplié les pains par le seul moyen du magnétisme, cela lui eût été impossible.

En effet, M. l'abbé Faria et M. du Potet, c'est uniquement à leurs somnambules qu'ils font voir des tableaux fantastiques, et nullement aux personnes qui, dans leur état normal, assistent à leurs séances magnétiques. D'après cela, pour que Jésus-Christ ait pu, comme magnétiseur, et par le moyen d'un tableau fantastique, nourrir fantastiquement plus de cinq mille personnes avec cinq pains, il fallait que les personnes ainsi nourries se trouvassent dans l'état de somnambulisme lorsque Jésus-Christ opérait ce phénomène.

Or, il est impossible, d'après les expériences magnétiques, que plus de cinq mille personnes, prises au hasard et magnétisées collectivement, tombent toutes dans le sommeil somnambulique ; car, comme nous l'avons vu d'après l'autorité de M. du Potet, ils sont bien rares les individus susceptibles d'être somnambules.

Donc il est absurde de croire que la multiplication des pains soit l'effet d'un tableau fantastique que Jésus-Christ ait fait voir à plus de cinq mille somnambules qui le suivaient dans le désert de Bethsaïde.

Ce n'est pas assez : il est constaté que les somnambules, rentrant dans leur état normal, ne se souviennent point de ce qu'ils ont vu dans leur sommeil somnambulique[6].

Cela étant ainsi, si les cinq mille hommes qui, avec leurs femmes et enfants, suivaient Jésus-Christ dans le désert, furent fantastiquement nourris avec cinq pains dans l'état de somnambulisme, il est évident qu'à leur réveil ils ne pouvaient pas avoir le moindre souvenir de ce repas illusoire. Et, dans ce cas-là, comment ces cinq mille hommes, avec leurs femmes et enfants, pouvaient-ils raconter un fait qui, dans leur état normal, leur était inconnu ? car, de l'aveu de Celse, un des plus grands ennemis du Christ, le bruit de ce repas merveilleux se répandit dans toute la Judée.

Si les cinq mille hommes qui, avec leurs femmes et enfants, furent nourris fantastiquement avec cinq pains dans un repas somnambulique, ne pouvaient pas attester un fait dont ils n'avaient pas la moindre souvenance, comment se fait-il que les apôtres, deux ou trois

---

6. *Cours de magnétisme*, de M. du Potet, pag. 170.

ans après l'événement, osent le publier, sans s'exposer à être démentis par ceux mêmes dont ils invoquaient le témoignage ?

Cependant on ne sait pas que les apôtres aient été démentis par les convives du repas du désert, ni que le sanhédrin, qui avait tant d'intérêt de faire passer les apôtres pour des imposteurs vis-à-vis le peuple juif, se soit fait inscrire en faux contre le récit de ce miracle. Si de ces faits qui échappent au domaine du magnétisme, on passe à des faits d'un autre genre, tels que certaines guérisons opérées par Jésus-Christ, tout nous dit encore que dans ces guérisons, il n'agissait pas non plus comme magnétiseur.

C'est uniquement par des procédés magnétiques, comme je l'ai fait voir, c'est-à-dire par des attouchements, insufflations, frictions et passes, que les magnétiseurs ont opéré ces guérisons si merveilleuses dont j'ai parlé ci-dessus. Eh bien ! Jésus-Christ en fit tout différemment. Il voit un paralytique près la piscine de Salomon, dont la paralysie datait depuis trente-huit ans ; un autre paralytique lui fut présenté à Capharnaüm, dans le local même où il instruisait le peuple. Touché de compassion pour ces deux malheureux, sans les toucher, ni les souffler, ni les frictionner, ni leur faire des passes, ni leur imposer les mains à distance, et sans autre procédé que celui de sa puissante parole, il leur dit : « Levez-vous, prenez vos lits et marchez. » Et les paralytiques se lèvent, prennent leurs lits et marchent, au plus grand étonnement de la part des spectateurs[7]. Un homme, ayant sa main droite sèche depuis longues années, se trouvait au temple de Jérusalem dans le moment que Jésus-Christ parlait au peuple assemblé pour y célébrer le jour du sabbat ; Jésus-Christ ayant aperçu ce malheureux, lui dit de se présenter devant tout le monde, et dans cet état, sans employer ni des attouchements, ni des frictions, ni des passes, il ordonna à l'infirme d'étendre sa main malade : l'infirme l'ayant étendue, la main fut guérie, à la grande confusion des pharisiens et des docteurs de la loi[8].

Jésus-Christ étant entré dans Capharnaüm, un centenier vint le trouver et lui dit : « Seigneur ! mon fils est malade et il souffre extrêmement ! Dites, Seigneur, une seule parole, et mon fils sera guéri. » Jésus-Christ, dans l'admiration d'une prière si pleine de foi, sans toucher le

---

7. Saint Jean, chap. V., et Saint Marc, chap. II.
8. Saint Matthieu, chap, XII ; Saint Marc, chap. II.

malade, ni le souffler, ni le frictionner, ni lui faire des passes, ni le voir, ni connaitre même la maison où il logeait, dit au centenier : « Allez, et qu'il soit fait selon vos désirs. » Et dès ce moment le fils du centenier fut guéri[9].

La vie de Jésus-Christ nous rappelle encore un fait qui n'est pas moins éclatant que les guérisons merveilleuses dont je viens de parler. Il mourut à Béthanie, bourg considérable aux alentours de Jérusalem, un homme riche et très considéré nommé Lazare. À la prière de Marie et Marthe, sœurs du défunt, Jésus-Christ vint au lieu où Lazare avait été inhumé ; touché de la douleur que la perte de Lazare avait causée à ses deux sœurs, Jésus-Christ voulut les consoler en rappelant le défunt à qui couvrait le tombeau, et, sans toucher le corps de Lazare, ni le souffler, ni le frictionner, ni lui imposer nullement les mains, il dit à Lazare : « Lazare, sortez dehors. » Et Lazare, obéissant à la voix de Jésus-Christ, sort du tombeau les pieds et les mains liés avec des bandes.

Ce fait, qui se passa au milieu d'un grand nombre de Juifs venus de Jérusalem pour consoler Marie et Marthe de la mort de leur frère, fut répandu dans la Judée sans qu'il fût démenti par le sanhédrin. Loin de là, en vue de cette éclatante résurrection, les principaux sacrificateurs et les pharisiens assemblés en concile dirent : Que ferons-nous de cet homme, car il fait beaucoup de miracles ?

Si pour rabaisser la puissance de Jésus-Christ dans cette éclatante résurrection on lui oppose celle d'Apollonius, dont j'ai parlé, je répondrai que quoique ce fait ne soit pas généralement admis, moi, tout en l'admettant, si je compare ces deux résurrections l'une avec l'autre, j'y vois une très notable différence, et une bien grande supériorité en Jésus-Christ sur Apollonius, et voici en quoi.

Si je demande à Philostrate, qui rapporte le fait d'Apollonius, de me faire connaitre le véritable état dans lequel se trouvait la demoiselle romaine lorsque Apollonius la rappela à la vie, Philostrate me dit que cette demoiselle paraissait être morte : *ab ea qua videbatur morte*. Ne restait-il pas encore, ajoute l'historien, dans ce corps, livré à la léthargie et au froid de la mort, quelque étincelle de la vie, quelque principe de sentiment qui n'était qu'engourdi ? Si je fais une pareille demande à

---

9. Saint Matthieu, chap. VIII.

saint Jean à l'égard de Lazare rappelé à la vie par Jésus-Christ, l'évangéliste me dit[10] : Que Lazare, ni humé depuis quatre jours, sentait déjà, *fœtet*, c'est-à-dire qu'il était privé entièrement de vie, vu que la puanteur dont parle saint Jean étant l'effet de la putréfaction commencée, est, selon les médecins, la preuve la plus incontestable de la mort.

Si je cherche dans Philostrate le moyen par lequel Apollonius rappela à la vie la demoiselle qui paraissait être morte, j'y vois que ce fut par le tact, c'est-à-dire par un des quatre procédés magnétiques dont j'ai parlé. Si je fais la même recherche dans saint Jean à l'égard de Jésus-Christ et de Lazare, j'y vois que ce ne fut pas par des procédés magnétiques que Jésus-Christ ressuscita Lazare, mais par la seule puissance de sa parole. Lazare, dit Jésus-Christ, Lazare, sortez dehors, *Lazare, exi foras*, et Lazare sort aussitôt du tombeau.

Bref : d'après la double narration de Philostrate et de saint Jean, il résulte que tandis qu'Apollonius rappela à la vie, par un procédé magnétique, une personne qui paraissait être morte, c'est-à-dire dans un état de léthargie, ce que tout bon magnétiseur peut faire, Jésus-Christ, sans le secours d'aucun procédé magnétique, mais par la seule puissance de sa parole, rappela à la vie une personne morte, car elle sentait déjà, ce que jusqu'à présent aucun magnétiseur n'a pu faire, vu que le magnétisme n'agit nullement sur les morts.

À tout ce que je viens de dire, je puis encore ajouter un autre fait qui prouve d'une manière directe que Jésus-Christ, dans ses merveilleuses guérisons, n'agissait pas comme magnétiseur. Quoiqu'on reconnaisse dans le magnétisme des propriétés éminemment curatives, on sait aussi que son action est nulle par rapport à certaines maladies et à certains malades.

M. du Potet, après nous avoir présenté le catalogue des maladies guérissables par le magnétisme, nous en fait connaître plusieurs autres sur lesquelles l'action magnétique est inefficace, telles que les humeurs enkystées, les calculs de la vessie, les taches de la cornée, la cataracte, etc.[11]

M. Aub. Gauthier, dont l'autorité dans la magnétologie est aussi d'un grand poids, partageant l'avis de M. du Potet, dit : qu'il est des

---

10. Saint Jean, chap. XI.
11. *Manuel de l'étud. magnét.* pag. 104.

maladies dans lesquelles le magnétisme ne guérit pas plus que la médecine ordinaire ; qu'il en est aussi auxquelles il est contraire ; et si on persistait à s'en servir il serait nuisible. Il est des malades sur lesquels il agit peu et d'autres sur lesquels il n'agit pas du tout[12]. Conformément à ce que je viens de dire sur les bornes de l'action magnétique, si Jésus-Christ n'était qu'un simple magnétiseur, il est évident que sa puissance curative devait être bornée à un certain nombre de maladies et de malades.

Mais pas du tout, la puissance curative de Jésus-Christ, loin d'être bornée comme celle des magnétiseurs, était une puissance universelle à laquelle aucune maladie ne résistait et laquelle agissait sur tous les malades, ce qui prouve que Jésus-Christ n'était pas un magnétiseur, mais un être bien au-dessus des plus habiles magnétiseurs. Voici ce qu'à ce sujet nous lisons dans les historiens sacrés.

Jésus-Christ allait par toute la Galilée, guérissant toutes les langueurs et toutes les maladies parmi le peuple[13].

Il allait de tous côtés dans les villes et dans les villages et guérissait toutes sortes de maladies et de langueurs[14].

En quelque lieu qu'entrât Jésus-Christ, soit bourg, ville ou village, on mettait les malades dans les places publiques, et on le priait de permettre qu'ils pussent seulement toucher la frange de son vêtement, et tous ceux qui le touchaient étaient guéris[15].

Tout le peuple tâchait de toucher Jésus-Christ parce qu'il sortait de lui une vertu qui les guérissait tous[16].

Je termine mon plaidoyer en invoquant à l'appui de tout ce que j'ai dit jusqu'ici relativement à Jésus-Christ le témoignage d'une des premières notabilités mesmériennes, à qui plus de trente ans d'expériences magnétiques dans différentes contrées de l'Europe, ont acquis de profondes connaissances magnétologiques et le droit de prononcer entre les faits magnétiques et ceux qui ne sont nullement du domaine du magnétisme. C'est de M. Du Potet de Sennevoy que je parle, dont le nom tant de fois été cité dans cet écrit.

---

12. *Introduction au magnétisme*, par Aub. Gauthier, pag. 367.
13. Saint Matthieu, chap. IV.
14. Saint Matthieu, chap. IX.
15. Saint Marc, chap. VI.
16. Saint Luc, chap. VI.

Ce savant professeur de magnétisme, dans son *Essai sur l'enseignement philosophique du magnétisme*, établit une différence très explicite entre les guérisons opérées par Jésus-Christ qu'il reconnait pour le Fils de Dieu, et les guérisons qui sont l'ouvrage d'un maitre magnétiseur. Les premières, aussi promptes comme les désirs du Christ et aussi sublimes que ses vertus, et les secondes lentes à se produire et demandant un long labeur[17].

Il faut bien remarquer que tandis que M. du Potet parle des guérisons opérées par un magnétiseur et par l'emploi de procédés magnétiques, j'ai prouvé que Jésus-Christ guérissait les malades sans aucun de ces procédés, mais uniquement par la puissance de sa parole. Dans le même ouvrage, son auteur blâme ceux des savants qui ont osé nier les œuvres divines de Jésus-Christ.

Les savants, dit-il en s'écriant contre eux, sont les premiers à nier les œuvres divines de Jésus. Voilà donc où conduit la science des écoles, etc.[18]

Si M. du Potet reconnait que les œuvres de Jésus-Christ sont divines, puisqu'il blâme ceux qui les nient, il reconnait par le même fait, que ces œuvres ne sont pas humaines.

Si elles ne sont pas humaines, elles ne sont pas magnétiques, vu que le magnétisme n'a rien que d'humain.

Si c'est donc par les œuvres que l'on connaît l'ouvrier, les œuvres de Jésus-Christ n'étant pas magnétiques, puisque, selon M. du Potet, elles ne sont pas humaines, il s'ensuit que Jésus-Christ n'était nullement magnétiseur, comme les chefs de la synagogue et quelques incrédules de nos jours le prétendent.

---

17. *Essai sur l'enseignement philosophique du magnétisme*, par M. du Potet, pag. 18.
18. *Essai sur l'enseignement philosophique du magnétisme*, par du Potet. pag 230.

RÉCAPITULATION

Je viens de plaider la cause de Jésus-Christ contre la synagogue et l'incrédulité.

En abordant la question, j'ai commencé par effleurer uniquement quelques preuves sur la réalité des miracles de Jésus-Christ, vu que je m'adresse à ceux qui les admettent. Car comment qualifier le Christ de magnétiseur, si le Christ n'a rien fait de merveilleux, ni opéré aucune guérison éclatante ? Une telle qualification serait absurde de la part de ceux qui la donneraient à Jésus-Christ. Celui qui n'a rien fait, on ne le qualifie de rien, et encore moins de magnétiseur, nom qui suppose un homme qui produit quelques phénomènes surprenants.

Comme c'est sur le magnétisme même que je devais fonder la défense de Jésus-Christ, j'ai parlé de cet agent de la nature, de ses propriétés, de son ancienneté, de sa théorie appliquée au traitement des maladies et de ses phénomènes, et c'est en comparant ceux-ci avec les merveilles de Jésus-Christ, opérées par la seule puissance de sa parole et sans aucun procédé magnétique, que j'ai cherché à prouver que Jésus-Christ n'était pas un magnétiseur. L'action magnétique est bornée uniquement à certaines maladies et à certains malades, tandis qu'aucun malade ne résistait à la puissance curative de Jésus-Christ. Cette circonstance est venue donner une nouvelle force à mes arguments en faveur de Jésus-Christ et contre ses antagonistes modernes.

M. du Potet ayant établi une notable différence entre les guérisons opérées par un magnétiseur et celles qui sont l'ouvrage de Jésus-Christ, c'est-à-dire du Fils de Dieu, et reconnaissant en même temps comme divines les œuvres de Jésus, cette autorité du premier magnétiseur thérapeutique, tout en corroborant le langage tenu dans mon plaidoyer, a fait entendre aux chefs de la synagogue et aux incrédules de nos jours, qu'en qualifiant le Christ de magnétiseur, ils ont manqué à la vérité.

Un mot aux nouveaux docteurs de la loi ancienne et aux incrédules de nos jours.

Ennemi de tout homme qui par la force ou la ruse voudrait imposer sa croyance aux autres, et n'ayant jamais eu la prétention de faire adopter mon opinion uniquement pour être ma propriété, après m'être acquitté de l'honorable tâche que j'ai bien voulu m'imposer en faveur de Jésus-Christ, je me borne maintenant à prier les chefs de la synagogue ainsi que les incrédules de nos jours de lire attentivement ce plaidoyer et de l'examiner avec impartialité, c'est-à-dire dépouillés, autant que possible, de tout préjugé religieux, de tout esprit de secte, de tout intérêt personnel à soutenir une croyance quelconque, de cet amour-propre mal placé, de ce malheureux orgueil qui sont le triste apanage de certains hommes soi-disant savants et progressifs.

Si après avoir ainsi examiné mon plaidoyer, les nouveaux docteurs de la loi ancienne et les incrédules de nos jours sont convaincus de leur erreur, qu'ils rendent grâces à Dieu pour avoir daigné les éclairer dans une affaire de la plus haute importance. Quant à moi, je m'empresserai de témoigner au Tout-Puissant ma plus vive reconnaissance, vu qu'au milieu de ma position si imperceptible, il a bien voulu se servir de moi pour communiquer sa divine lumière aux ennemis de Jésus-Christ.

Si parmi les chefs de la synagogue ou parmi les incrédules, il s'en trouvait quelqu'un qui ne se croirait pas assez éclairé sur la question qui fait le sujet de ce plaidoyer, qu'il s'adresse à moi avec l'assurance que je recevrai avec autant de charité que de plaisir les observations que l'on voudrait bien me faire et auxquelles je tâcherai de répondre de mon mieux.

Je demeure à Batignolles près de Paris, rue de l'Eglise, 15.

Je dirai plus ; si malgré tout ce que j'ai dit en plaidant la cause de Jésus-Christ contre ses ennemis, il se trouvait quelque docteur juif qui me prouverait que Jésus-Christ était un magnétiseur et pas autre chose, et me ferait voir en même temps, dans une controverse orale, ou *in scriptis*, que la vérité est dans le judaïsme, avec la même franchise que je viens d'écrire en faveur de Jésus-Christ, je saurai me rétracter et écrire en sens contraire, et avec la même liberté que j'ai reçu le sacerdoce catholique, je recevrai la circoncision judaïque ; car je n'écris pas par esprit de secte, ni pour me donner de l'importance, ni pour gagner les bonnes grâces des puissances de la terre pour en obtenir leurs faveurs, mais uniquement pour rendre témoignage à la vérité, et je crois être toujours dans le vrai, au sujet de la question qui nous occupe, tant que l'on ne me convaincra pas d'erreur.

∼

Copyright © 2024 by Alicia ÉDITIONS

Credits : www.canva.com ; Alicia Éditions

ISBN E-BOOK : 9782384553792

ISBN BROCHÉ : 9782384553808

Tous droits réservés.

Aucune partie de ce livre ne peut être reproduite sous quelque forme ou par quelque moyen électronique ou mécanique que ce soit, y compris les systèmes de stockage et de récupération de l'information, sans l'autorisation écrite de l'auteur, à l'exception de l'utilisation de brèves citations dans une critique de livre.

www.ingramcontent.com/pod-product-compliance
Lightning Source LLC
LaVergne TN
LVHW032014070526
838202LV00059B/6450